垂石雅俊 著

Rittor Music

特典映像 はじめる前に観る DVD　CONTENTS コンテンツ

【イントロダクション】
- オープニング演奏とご挨拶

【失敗しないギターの選び方】
- まず心得ておくこと
- 楽器店でのギター選びのポイント

【本書で紹介する演奏スタイル】
- クラシックギターの演奏フォーム
- メロディ弾き
- 伴奏
- ソロギター

【弦を押さえるコツを知ろう】
- 理想的な演奏フォーム
- ありがちな悪いフォーム

【弦をはじく方法を知ろう】
- メロディ弾き
- コード弾き
- ありがちな悪いフォーム

【チューニングをしてみよう】
- クリップ式チューナーによる方法
- 注意点＆コツ

【弦を交換してみよう】
- 弦を外そう
- 弦をブリッジに取りつけよう
- 弦をヘッドに巻きつけよう
- 注意点＆コツ

【ギター用の譜面を学ぼう】
- タブ譜の読み方
- コードネームについて
- ダイアグラムの読み方
- ストローク記号の意味

まえがき

　ようこそ、クラシックギターの世界へ！

　本書は、楽器経験のまったくない読者を対象に、演奏の「楽しさ」や「充実感」が得られることを最優先に作り上げました。よって、最小限の練習で数々の名曲が弾けるようになっています。練習も週2回程度で上達が実感できるように工夫し、また譜面が苦手な読者のために、「模範演奏」と「スロー演奏」を付属のCDに収録しています。スロー演奏は、楽譜の音を指差ししながら確認できるスピードになっています。このように、日本一やさしく、楽しい教本を目指しました。

　さて、ギターは大きく3種類に分かれるので、ここで整理してみましょう。カッコよく弾くなら「1：エレキギター」、弾き語りなら「2：フォークギター（アコースティックギターとも言います）」。そして、「3：クラシックギター」は、お洒落なカフェで流れるような音楽に最適です。つまり、本書は3の「お洒落な音楽をギターで奏でたい」という人にピッタリの内容になっています。現代においては、必ずしも「クラシックギター＝クラシック音楽」ではなく、本書もその現代の流れを踏襲し、長い歴史の中で研究されてきたメソッドを取り入れつつもポピュラー音楽寄りの内容になっています。

　クラシックギターの魅力は、大人の佇まいを持つサウンドだけではありません。どこへでも気軽に持ち運べるため、海や山などのレジャーの場、結婚式の披露宴のほか、さまざまな場所で演奏の機会があります。そして、歴史が古く、多くの人に愛され続けている楽器なので、いたるところにコミュニティがあり、趣味のギター仲間があなたを待っているのも魅力です。

　そのほか、体力に関係なく、生涯続けられる趣味としても定番です。さらに、脳への刺激、ストレス発散にも効果を発揮すると言われています。筆者は、これほど人生を豊かにする魅力を持った楽器をほかに知りません。

　さあ、本書を手にした時から、「あなたもギタリスト」です。ようこそ、クラシックギターの世界へ！

2016年10月　垂石雅俊

本書の読み方

本書では、大きな図や写真、譜面をふんだんに使い、大きな文字ですべての手順をていねいに解説しています。はじめてクラシックギターを弾く人でも、迷わず安心して演奏を進められます。

レッスン
見開き2ページを基本に、やりたいことを簡潔に解説します。「やりたいこと」や「知りたいこと」をタイトルからすぐに見つけられます。

キーワード
音楽用語などのキーワードからレッスン内容がわかります。

概要
レッスンの目的を理解できるように要点を解説します。

左ページのつめでは、章タイトルでページを探せます。

ポイント
レッスンの概要や演奏の要点を図解でていねいに解説します。概要や演奏内容をより深く理解することで、確実に弾きこなせるようになります。

レッスン9 「禁じられた遊び」の出だしに挑戦しよう

キーワード ガイドフィンガー①

クラシックギターと言えば「禁じられた遊び」というぐらいの有名曲です。使う指は右手・左手ともに人差指のみで、使用する弦は1弦だけです。左手で弦を押さえてから、右手で弦をはじくとスムーズに演奏できます。

押さえる場所を確認しましょう

「禁じられた遊び」の出だしで使用する音を確認しましょう

1弦にある3つの音を左手の人差指のみで押さえます

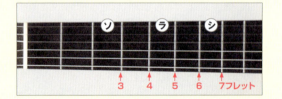

手順 — 必要な手順を、図解や写真とともに解説

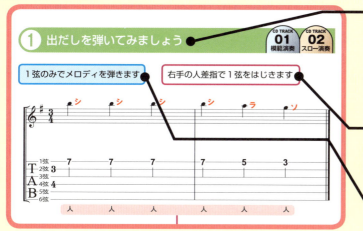

手順見出し
練習譜例を弾いたり、演奏に必要な知識を習得するための手順を、それぞれの内容ごとに見出しを付けて挙げています。マスターする上で、しっかり押さえておきたい手順を説明する箇所では、見出しに番号が付いています。番号がある場合は順に進めてください。

説明
「○○を弾きます」など、それぞれのポイント手順の説明です。番号がある時は順に進めてください。

解説
演奏方法について説明しています。

---

① 出だしを弾いてみましょう

タブ譜の下にある「人」は、左手の人差指で押さえるという意味です

1弦7フレットを押さえたところです

1弦5フレットを押さえたところです

1弦3フレットを押さえたところです

ヒント❗
押さえる場所を移動させる際、指は弦に軽く触れさせた状態を保ちましょう。この動作を「ガイドフィンガー」と呼びます（詳しくは38ページ参照）。逆に、弦から指を離してしまうと、動作が大きくなり、音が途切れてしまうので注意してください。

「Romanza Anonima」Traditional

終わり

右ページのつめでは、音楽用語などからページを探せます。

ガイドフィンガー①

CDトラック
付属のCDに、模範演奏とスロー演奏を収録しました。楽譜を読むのが苦手な人でも、演奏を聴きながら無理なく練習ができます。

ヒント
レッスンに関連した、さまざまなノウハウや、一歩進んだ演奏テクニックや知識を解説します。

※ここで紹介している紙面はイメージです。実際の紙面とは異なります。

目次

まえがき ……………………………………………………………… 3
本書の読み方 ………………………………………………………… 4

第1章 予備知識ゼロで、いきなり弾いてみよう　13

1 さっそく、右手の親指でジャラ〜ンと弾いてみよう ＜親指弾き＞ …… 14
2 ギターの構え方を学ぼう ＜演奏フォーム①＞ ……………………… 16
3 上達に適したフォームをチェックしよう ＜演奏フォーム②＞ …… 18
4 一番上の弦と一番下の弦を弾いてみよう ＜ピッキング／弾弦＞ …… 20
　Q&A ギターの扱いで注意すべき点は？ ………………………… 22

第2章 左指1本で名曲「禁じられた遊び」を弾こう　23

5 弦を正しい音に合わせる手順を知ろう ＜チューニング／調弦①＞ …… 24
6 1弦を正しい音に合わせよう ＜チューニング／調弦②＞ ………… 26
7 1弦でドレミの「ミ」を弾こう ＜1弦解放＞ ……………………… 28
8 ギター専用の譜面の読み方を学ぼう ＜タブ譜／TAB譜＞ ……… 30
9 「禁じられた遊び」の出だしに挑戦しよう ＜ガイドフィンガー①＞ …… 32
　CD 01〜02
10 「禁じられた遊び」の続きを弾こう ＜ガイドフィンガー②＞ …… 34
　CD 03〜04
11 練習曲「禁じられた遊び」を弾こう ＜練習曲（メロディ）＞ …… 36
　CD 05〜06
　Q&A 付属CDの効果的な使い方を知りたい ……………………… 38

第3章　左指1本で有名曲をガンガン弾こう　39

- ⑫ 2弦を正しい音に合わせよう　<チューニング／調弦③>　……… 40
- ⑬ 2弦でドレミを弾こう <ドレミ>　……… 42
  - CD TRACK 07〜08
- ⑭ 1弦と2弦でドレミファソを弾こう <ドレミファソ>　……… 44
  - CD TRACK 09〜10
- ⑮ 3弦を正しい音に合わせよう　<チューニング／調弦④>　……… 46
- ⑯ 1弦〜3弦でドレミファソラシドを弾こう <ドレミファソラシド>　… 48
  - CD TRACK 11〜12
- ⑰ 4弦を正しい音に合わせよう　<チューニング／調弦⑤>　……… 50
- ⑱ 「ハッピー・バースデイ・トゥ・ユー」に挑戦しよう <弦移動>　…… 52
  - CD TRACK 13〜14
- ⑲ 練習曲「大きな古時計」、「コンドルは飛んでいく」を弾こう …… 54
  - <練習曲（メロディ）> CD TRACK 15〜18

- Q&A 左手の移動のコツを知りたい ……… 56

第4章 人差指と中指でいろいろなコードを押さえよう　57

- ㉠ 伴奏でよく使われる譜面について学ぼう ＜ダイアグラム／リズム譜＞ ‥ 58
- ㉑ 人差指1本で2種類のコードを弾き分けよう ＜頻出コード(C、G7)＞ ‥ 60
  - CD TRACK 19〜20
- ㉒ 5弦を正しい音に合わせよう ＜チューニング／調弦⑥＞ ‥‥‥‥‥‥ 62
- ㉓ 手始めに、コードを1個だけ弾いてみよう ＜頻出コード (Am7) ＞ ‥ 64
  - CD TRACK 21〜22
- ㉔ 6弦を正しい音に合わせよう ＜チューニング／調弦⑦＞ ‥‥‥‥‥‥ 66
- ㉕ 2個のコードを一気に覚えよう ＜頻出コード (Em7／Em) ＞ ‥‥‥ 68
  - CD TRACK 23〜24
- ㉖ よく使うコードチェンジに挑戦しよう ＜頻出コード(Em7／G)＞ ‥ 70
  - CD TRACK 25〜26
- ㉗ 練習曲「アメイジング・グレイス」の伴奏に挑戦しよう ‥‥‥‥‥ 72
  - ＜練習曲（伴奏）＞ CD TRACK 27〜28

- **Q&A** コードの役割は何か？ ‥‥‥‥‥‥‥‥‥‥‥‥‥‥‥‥‥ 74

第5章 右手の使い方にバリエーションを持たせよう　75

- ㉘ コードをバラして弾くアルペジオを学ぼう ＜アルペジオ／アルアイレ＞ ‥ 76
- ㉙ 右手の親指と人差指で「禁じられた遊び」を弾こう ………… 78
  ＜2フィンガーピッキング＞ CD 29〜30
- ㉚ 3フィンガーピッキングで、アルペジオを弾こう ………… 80
  ＜3フィンガーピッキング＞ CD 31〜32
- ㉛ 4フィンガーピッキングの演奏に挑戦しよう ………… 82
  ＜4フィンガーピッキング／分数コード＞ CD 33〜34
- ㉜ 練習曲「オーラ・リー」で右手を強化しよう ＜練習曲（ソロギター）＞ … 84
  CD 35〜36

- Q&A 右手の爪は、どのくらい伸ばすの？ ………… 86

第6章 左手の薬指と小指も加えて、主要コードをマスターしよう　87

- ㉝ 薬指も使うコードを学ぼう ＜頻出コード（Am7／C）＞ ………… 88
  CD 37〜38
- ㉞ フラメンコ風のコード進行を弾こう ＜頻出コード（E）＞ ………… 90
  CD 39〜40
- ㉟ 2個の頻出コードを同時に覚えよう ＜頻出コード（Dadd9／D）＞ …… 92
  CD 41〜42
- ㊱ 小指を使うコードにチャレンジしよう ＜頻出コード（G／CM7）＞ …… 94
  CD 43〜44
- ㊲ 練習曲「茶色の小瓶」でコードチェンジをしよう ………… 96
  ＜練習曲（コードチェンジ）＞ CD 45〜46

- Q&A 左手の爪は、どのくらい短くするの？ ………… 98

第7章　押さえづらいコードを攻略しよう　　99

- ㊳ 人差指1本で、2本の弦を同時に押さえよう <人差指セーハ①> … **100**
  - CD TRACK 47〜48
- ㊴ 3本の弦を人差指1本で押さえよう <人差指セーハ②> … **102**
  - CD TRACK 49〜50
- ㊵ 省略形のFコードを知っておこう <人差指セーハ③> … **104**
  - CD TRACK 51〜52
- ㊶ 全弦セーハのFコードに挑戦しよう <全弦セーハ> … **106**
  - CD TRACK 53〜54
- ㊷ 薬指セーハのコードも知っておこう <薬指セーハ> … **108**
  - CD TRACK 55〜56
- ㊸ ついでに2種類のコードを身につけよう <頻出コード(Cm／Cm7)> … **110**
  - CD TRACK 57〜58
- ㊹ 練習曲「カルメン組曲」でフラメンコ気分を味わおう … **112**
  - <練習曲（人差指セーハ）> CD TRACK 59〜60

- Q&A レッスンのメリットは？ … **114**

第8章 メロディと伴奏を同時に弾こう　115

45 「スカボロー・フェア」のメロディと低音を弾こう ＜ソロギター①＞ … **116**
　CD TRACK 61～62

46 コード感をアップさせて「大きな古時計」を演奏しよう ……… **118**
　＜ソロギター②＞ CD TRACK 63～64

47 「エンターテイナー」の低音を動かしてみよう ＜ソロギター③＞ … **120**
　CD TRACK 65～66

48 練習曲「グリーンスリーヴス」でソロギターを学ぼう ………… **122**
　＜練習曲（ソロギター）＞ CD TRACK 67～68

　Q&A 脱タブ譜のコツを知りたい ……………………………………… **124**

第9章 人前で演奏するためのレパートリーを覚えよう　125

49 「聖者の行進」を軽快に演奏しよう ＜レパートリー①＞ ……………… **126**
　CD TRACK 69～70

50 優雅に「いつか王子様が」を奏でよう ＜レパートリー②＞ …………… **128**
　CD TRACK 71～72

51 「サマータイム」を大人っぽくプレイしよう ＜レパートリー③＞ … **132**
　CD TRACK 73～74

52 「禁じられた遊び」を弾ききろう ＜レパートリー④＞ ………………… **136**
　CD TRACK 75～76

53 「アルハンブラの思い出」に挑戦しよう ＜レパートリー⑤＞ ………… **140**
　CD TRACK 77～78

　Q&A 人前で演奏できるレベルはどの程度？ ………………………… **144**

付録

ギターのパーツと名称 …………………………………………… **146**
小物＆周辺機器 ………………………………………………… **148**
弦交換の方法 …………………………………………………… **150**

用語集 …………………………………………………………… **154**
索　引 …………………………………………………………… **156**

小冊子

コードブック＆便利メモ帳

第1章

予備知識ゼロで、いきなり弾いてみよう

まず、クラシックギターを弾いてみましょう。ここでは弦を正しい音に合わせる必要はありません。細かいことは気にせずに、音が出ることを楽しんでください。誰にでもできる動作ばかりですが、本章で弦のはじき方の基本が身につきます。

この章の内容

1. さっそく、右手の親指でジャラ〜ンと弾いてみよう ……… 14
2. ギターの構え方を学ぼう …………………………………… 16
3. 上達に適したフォームをチェックしよう ………………… 18
4. 一番上の弦と一番下の弦を弾いてみよう ………………… 20

クラシックギターの「困った！」を解決するQ&A ……… 22

レッスン 1 さっそく、右手の親指でジャラ～ンと弾いてみよう

キーワード 🔑 親指弾き

第1章 予備知識ゼロで、いきなり弾いてみよう

弦をはじく際、最も重要な右手の親指を使って、6本すべての弦を弾いていきます。ここでは弦を正しい音に合わせたり、左手で弦を押さえる必要はありません。単純に、ギターで音が出ることを楽しんでください。

① 親指で弦をはじく準備をします

写真を参考に、弦をはじく準備をしましょう

親指を適度に反らせ、そのまま親指を一番上の太い弦（6弦）に乗せます

② 下方向に向けて、弦をはじきましょう

次に、弦をはじいていきます

必要以上に力を込めて弾くのはNGです

親指は真下ではなく、写真の矢印の方向に動かすと、きれいな音が出ます

③ 一番下の細い弦まで弾きます

一番下の弦（1弦）の少し下まで親指を動かします

写真は弾き終わった状態です

ヒント❗

右手の力を抜いて弾くと、優しい音色になります。
手首を写真のように構えてください。

❌ NG

親指や手首が曲がっていると、弾きづらくなります。

⭕ OK

親指は少し反らせ、人差指と親指の間が自然に開いた感じを保ちます。

🏁 終わり

レッスン2 ギターの構え方を学ぼう

キーワード　演奏フォーム①

第1章　予備知識ゼロで、いきなり弾いてみよう

　クラシックギターの演奏フォームは、合理的で演奏しやすいのが特長。また、見た目がエレガントというのも利点でしょう。ここではクラシックギターを中心に、ボサノヴァ（ブラジル発祥のお洒落な音楽）やフラメンコのフォームも見ていきます。

① クラシックギターの基本フォームの確認です

◆足台

- 椅子の高さは、座った時に地面と太腿が平行になる高さを目安にします
- 膝が極端に下がったり上がったり、しないようにしましょう
- 足台は左足に乗せて使うのがクラシックギター式です

ヒント❗

　足を乗せる台のことを「足台」と呼び、これを使用するとギターが安定します。楽器店で購入できます。手に入らない場合は、日用品を代用してもかまいません。

② ボサノヴァの演奏フォームです

足台を右側に置いて、右足を上げギターを構えます

この時、ギターの先端（ヘッド）を少し上げ、やや前に出すと楽に構えることができます

◆ヘッド

③ フラメンコの演奏フォームです

写真のように右脚を組みます

ヒント

身体の捻りを抑え、リラックスして構えるのがコツです。これはボサノヴァのフォームも同様です。

レッスン3 上達に適したフォームをチェックしよう

キーワード 🔑 演奏フォーム②

美しい演奏フォームは、プレイしやすいため、上達を早めてくれます。さらに、美しい音が出やすく、練習で疲れにくいなど、メリットも満載です。ここでは、左ページで全身のポイント、右ページで両手のポイントを見ていきます。

第1章 予備知識ゼロで、いきなり弾いてみよう

① 全身のポイントを確認します

上半身は、肩の高さが左右同じになるようにします

目線の高さにギターの先端（ヘッド）が来るようにします

◆ヘッド

❶ギターの先端（ヘッド）をやや体から遠ざけます

❷この時、体を右に捻らないようにしましょう

② 右手のポイントです

弦をはじく右手のポイントを確認しましょう

ギターの穴の手前に、右手を置きます

写真のように、腕から手にかけて捻りがないようにします

右肘をリラックスできる位置にセットします

③ 左手のポイントです

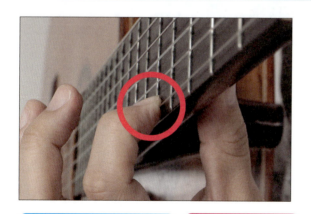

◆ネック

弦を押さえる左手のポイントの確認です

弦は指先で押さえるのが基本です

写真のように、親指は棒状のパーツ（ネック）の裏に添えます

ヒント

極端に左肩が下がっているのはNGです。また、ネックはギュッと握りしめないように気をつけましょう。摘むようなイメージです。

 終わり

レッスン4 一番上の弦と一番下の弦を弾いてみよう

キーワード ピッキング／弾弦

第1章 予備知識ゼロで、いきなり弾いてみよう

弦をはじく動作を「ピッキング」、または「弾弦」と言います。ここでは、右手の親指と人差指を使って弦をはじいてみましょう。前項目の右手のフォームを意識しながら、ピッキングを楽しんでください。

各弦の配列と特徴を確認しましょう

◆6弦
◆1弦

●1弦と6弦の場所

一番上の太い弦が6弦、一番下の細い弦が1弦になります。なお各弦は、上から6弦・5弦・4弦・3弦・2弦・1弦という順番で配列されています。

●弦の特徴

一般的に、1弦から3弦は透明で表面がツルツルの弦が使われます。4弦から6弦は巻弦（ワウンド弦）と呼び、銀色で表面がデコボコの弦が張られています。

① 親指で6弦をピッキングします

右手の親指で6弦のみを鳴らしてましょう

手首はできるだけ動かさず、親指の付け根を動かすイメージで弾くと、6弦を正確にはじけます

ピッキングしたあとは、写真のようなフォームになります

② 人差指で1弦のピッキングをします

次に、人差指で1弦を鳴らしましょう

手の力を抜いて自然に開いた状態から、人差指のみ握るイメージで1弦をはじきます

ピッキングしたあとは、写真のような形になります

 終わり

クラシックギターの**「困った！」**を解決する**Q&A**

Q ギターの扱いで注意すべき点は？

A 「弾き終わったあと」と、「普段の注意点」に分けて要点を整理してください

ギターの扱いに不慣れな人が起こしてしまう3大事故に、T・O・F（倒す・落とす・踏む）があげられます。まずこういった事故がないよう配慮しつつ、次の項目をチェックしてください。

[弾き終わったあと]
① ギター用のクロスで乾拭きをする（手汗で塗装の劣化などを防ぐ）
② ケースにしまう（T・O・Fを防ぐ）
③ 弦は緩めなくてOK（これから学ぶチューニングした状態にしておく）

[普段の注意点]
① 練習場所を整理し、ギター用のスタンドでT・O・Fを防ぐ
② 過度の湿気や乾燥に注意する（50〜60%の湿度なら完璧）
③ 「故障かな？」と思ったら、購入したお店などに相談

第2章

左指1本で名曲「禁じられた遊び」を弾こう

ここからは、実際の曲を中心に練習していきます。はじめに弾く曲は、「禁じられた遊び」のメロディ部分です。クラシックギターを持っている人は、必ずこの曲を弾くというぐらいの有名曲なので、練習材料としても最適でしょう。なお、弦を正しい音に合わせる方法や、譜面の読み方も本章で学んでいきます。

この章の内容

- 5 弦を正しい音に合わせる手順を知ろう……24
- 6 1弦を正しい音に合わせよう……26
- 7 1弦でドレミの「ミ」を弾こう……28
- 8 ギター専用の譜面の読み方を学ぼう……30
- 9 「禁じられた遊び」の出だしに挑戦しよう……32
- 10 「禁じられた遊び」の続きを弾こう……34
- 11 練習曲「禁じられた遊び」を弾こう……36
- クラシックギターの「困った！」を解決するQ&A……38

レッスン5 弦を正しい音に合わせる手順を知ろう

キーワード　チューニング／調弦①

ギターは、各弦を正しい音に合わせなければなりません。この正しい音に合わせる作業を「チューニング」や「調弦」と呼びます。ここではその手順を見ていきます。まずは、ギターの各弦の音名を確認していきましょう。

各弦の音名を確認しましょう

● 1～6弦を指定の音に合わせます

6本の弦は、図に示した音に合わせる必要があります。チューニングを合わせる時、「チューナー」と呼ばれるメーターを使いますが、チューナーはドレミ表記ではなくアルファベットで表示されます。ですから図2に示したアルファベットによる音名表記も知っておいてください。

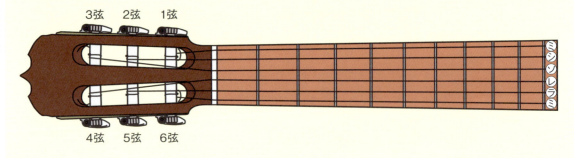

● 開放弦の音

図1

（ミ・6弦）（ラ・5弦）（レ・4弦）（ソ・3弦）（シ・2弦）（ミ・1弦）

● 音名の呼び方（アルファベット）

図2
ド　レ　ミ　ファ　ソ　ラ　シ
C　D　E　F　G　A　B

ヒント

各弦の音は、暗記したほうが便利です。そこで、語呂合わせを用いると良いでしょう。例えば、ドレミ表記で6弦から1弦の音を覚える場合、「ミラレソシミ＝見られそう、シミ」となります。英語表記なら「EADGBE＝家出（EAD）するなら、耳鼻咽（GBE）喉科」といった具合です。

① チューナーの読み方です

チューナーは、音の高さによりメーターや針が左右に動きます

メーター（針）が真ん中を指していればチューニング完了です

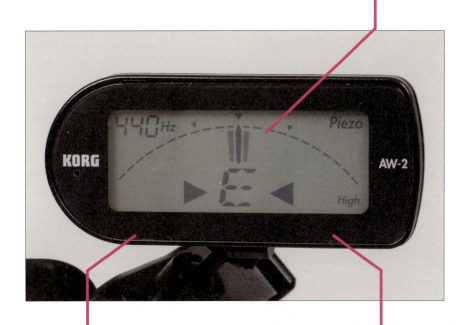

左側にメーター（針）がある場合、音が低いことを知らせています

右側にメーター（針）がある場合、音が高いことを知らせています

終わり

レッスン 6 1弦を正しい音に合わせよう

キーワード チューニング／調弦②

　ここからがチューニングの実作業となります。まずは、一番細い1弦をE音（ミの音）にチューニングしてみましょう。初心者にとってチューニングはとても難しい作業なので、最初は大まかに合わせることを目指してください。

① チューナーをセットしましょう

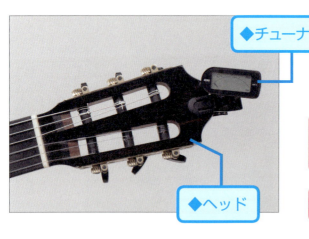

◆チューナー

◆ヘッド

クリップ式チューナーはギターに装着して使います

ギターの先端（ヘッド）にクリップ式チューナーを付けてください

付ける場所はどこでもかまいません

② 1弦を弾いてみましょう

一番下の細い弦が1弦です

どこも押さえずに、右手の人差指で1弦を弾きます

隣の2弦まで弾かないようにしましょう

③ 1弦をE音に合わせます

まず、1弦を弾いた際に、E音（ミの音）の音が表示されているか確認しましょう

ペグ（糸巻き）をミリ単位で回して、メーターや針が真ん中を指すように調整をします

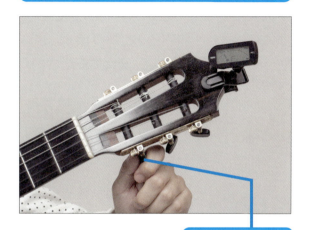

◆1弦のペグ

ヒント

ペグは手前（自分側）に回すと音が低くなり、逆に回すと音が高くなります。

低 　 高

ヒント

弦交換をしたばかりの弦は、チューニングを合わせてもすぐに狂ってしまうことがあります。特に1弦〜3弦は顕著です。これは素材であるナイロンの特性上、弦が伸びてしまうためで、故障ではありません。

終わり

レッスン 7 1弦でドレミの「ミ」を弾こう

キーワード　1弦解放

右手の人差指を使って、1弦をはじいてみましょう。左手で弦を押さえる必要はありません。その分、右手のピッキングに集中してください。なお、どこも押さえない弦を「開放弦」と呼びます。よく使うギター用語なので、覚えてください。

第2章　左指1本で名曲「禁じられた遊び」を弾こう

1弦の場所を確認しましょう

1弦は一番細い弦です。1弦は、ギターを構えると一番下になります。

◆1弦

① まずは右手のフォームの確認からです

◆6弦

実際に弦をはじく前に、右手のフォームの確認をしましょう

右手の親指を6弦に乗せると、右手全体が安定します

② 右手の人差指で、1弦をはじきます

右手は力を抜き、卵を持つような形をイメージしましょう

次に、人差指で弦をはじきます

弾き終わったら、ほかの弦に触れないように気をつけましょう

🏁 終わり

レッスン8 ギター専用の譜面の読み方を学ぼう

キーワード タブ譜／TAB譜

楽譜は難しいというイメージがあると思いますが、ギターには専用の楽譜があるので安心してください。この楽譜を「タブ譜（TAB譜）」と言い、数字で押さえる場所が示されています。ここでは、そのタブ譜の読み方についての説明です。

タブ譜の基本構造の確認です

●タブ譜の表記法

6本あるタブ譜の横線は、ギターの弦に見立てて書かれます。タブ譜の横線は、上から1弦、2弦…6弦となっています。

数字は押さえる場所（フレット）を示しています。数が大きくなるほど、高い音が出る場所です。

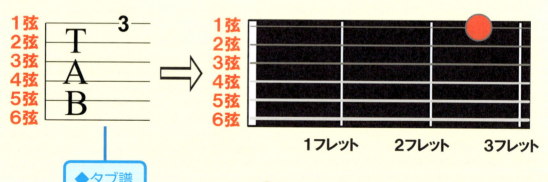

タブ譜のポジションを押さえた場合の図です

◆タブ譜

> **ヒント**
> フレットとは、金属の棒状のパーツのことです。写真は、1弦3フレットを押さえているところで、上のタブ譜に示したポジションと一致しています。

① タブ譜の「0」は開放弦を示しています

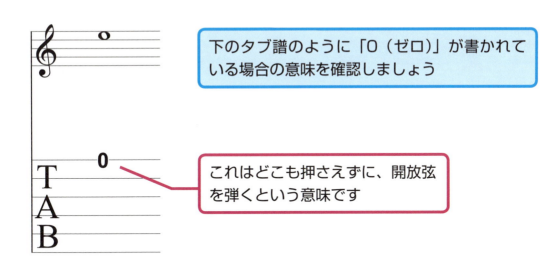

下のタブ譜のように「0（ゼロ）」が書かれている場合の意味を確認しましょう

これはどこも押さえずに、開放弦を弾くという意味です

ヒント

数字が縦に並んでいる場合もありますが、これはそれらの音を同時に弾くという意味です。例えば、6本の弦を同時にすべて弾く場合、6個の数字が縦に並ぶことになります。

ヒント

もともとクラシックギターの楽譜は、タブ譜ではなく五線譜を使うのが一般的でした。しかし近年ではタブ譜を使ったクラシックギターの教材も多く存在します。また、ポピュラーミュージック系の楽譜はタブ譜が中心なので、タブ譜を読めるようにしておくと便利です。

終わり

レッスン 9 「禁じられた遊び」の出だしに挑戦しよう

キーワード ガイドフィンガー①

クラシックギターと言えば「禁じられた遊び」というぐらいの有名曲です。使う指は右手・左手ともに人差指のみで、使用する弦は1弦だけです。左手で弦を押さえてから、右手で弦をはじくとスムーズに演奏できます。

第2章 左指1本で名曲「禁じられた遊び」を弾こう

押さえる場所を確認しましょう

「禁じられた遊び」の出だしで使用する音を確認しましょう

1弦にある3つの音を左手の人差指のみで押さえます

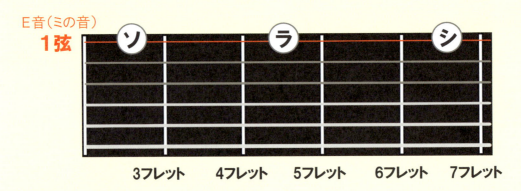

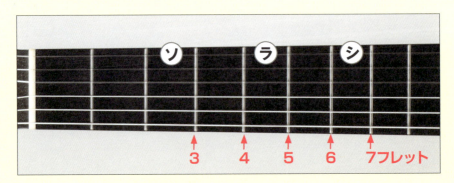

① 出だしを弾いてみましょう

ガイドフィンガー①

1弦のみでメロディを弾きます　　右手の人差指で1弦をはじきます

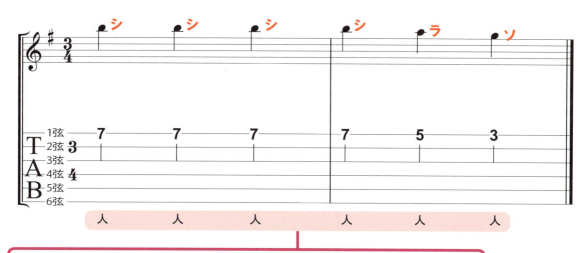

タブ譜の下にある「人」は、左手の人差指で押さえるという意味です

1弦7フレットを押さえたところです

1弦5フレットを押さえたところです

1弦3フレットを押さえたところです

ヒント

押さえる場所を移動させる際、指は弦に軽く触れさせた状態を保ちましょう。この動作を「ガイドフィンガー」と呼びます（詳しくは38ページ参照）。逆に、弦から指を離してしまうと、動作が大きくなり、音が途切れてしまうので注意してください。

「Romanza Anonima」Traditional

レッスン 10 「禁じられた遊び」の続きを弾こう

キーワード ガイドフィンガー②

ここでは全部で5種類の音を使いますが、新しいポジションは2個のみです（残りは、32ページのレッスン9で登場したポジション）。さらに、弦を押さえないで場所も出てくるので、安心してチャレンジしてください。

第2章 左指1本で名曲「禁じられた遊び」を弾こう

押さえる場所を確認しましょう

右の譜例で使う音を確認しましょう

新しく登場する音は「ミ」と「ファ♯」です

E音（ミの音）
1弦 ミ　ファ♯　ソ　ラ　シ

1フレット　2フレット　3フレット　4フレット　5フレット　6フレット　7フレット

1弦0フレットは開放弦なので、弦を押さえません

1弦2フレットを左手の人差指で押さえます

ヒント

ファ♯に付いている♯は、「半音上げる」という意味です。つまり「ファ♯＝ファを半上げた音」になります。なお、半音とは1フレット分のことです。ですから、「ファ♯＝ファをフレット1個分上にずらす」となります。

① 続きを弾いてみましょう

弦に軽く指を触れさせた状態を保つ「ガイドフィンガー」で、ポジション移動させます

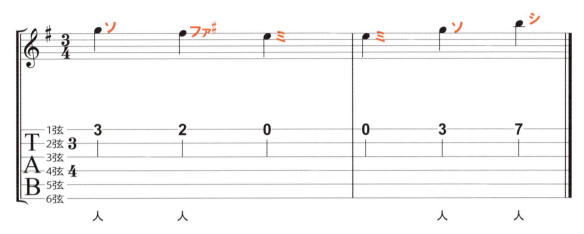

1弦2フレットを押さえたところです

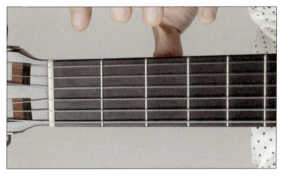

1弦0フレット、つまり開放弦なので左手は使いません

ヒント

左手の人差指は立て気味にし、指先で弦を押さえましょう。こうすると押さえやすい上、良い音が出ます。

「Romanza Anonima」Traditional

終わり

レッスン 11 練習曲「禁じられた遊び」を弾こう

キーワード　練習曲（メロディ）

CD TRACK 05 模範演奏　CD TRACK 06 スロー演奏

左手の人差指で押さえ、右手の人差指で弦をはじきます

使用する弦は1弦のみです

第2章　左指1本で名曲「禁じられた遊び」を弾こう

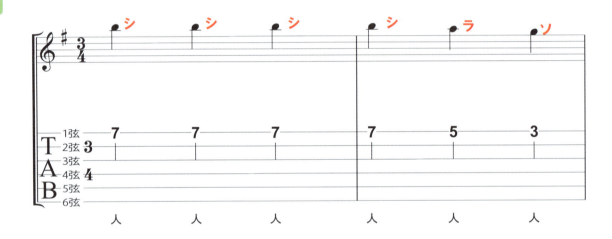

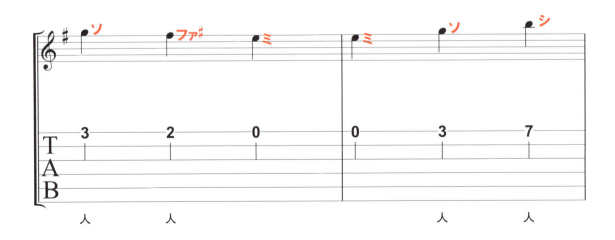

練習曲（メロディ）

ここでは「禁じられた遊び」のメロディをさらに弾いてみましょう。左手を押さえてから、右手で弾く……という流れをつかみながら、ゆっくりと弾いてください。

1弦の0フレット（開放弦）から12フレットまで使うので、ポジション移動の練習に最適です。なお、ポジション移動はガイドフィンガーを用いて行ないましょう。

ヒント

映画『禁じられた遊び』で聴くことのできる同名曲のアレンジは、もともと練習曲として作曲されたものでした。ゆえに親しみやすく、世界に広まったのでしょう。上達したら、映画版のアレンジにもチャレンジしてみてください。

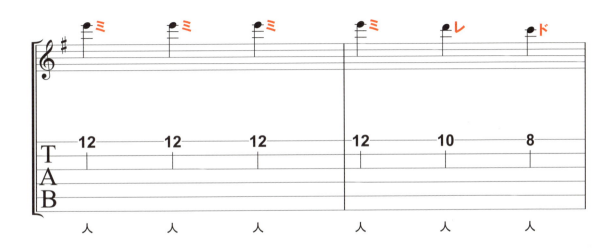

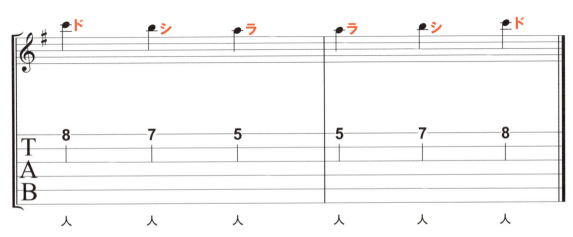

「Romanza Anonima」Traditional

終わり

クラシックギターの「困った！」を解決するQ&A

Q 付属CDの効果的な使い方を知りたい

A まずは、譜面を眺めながら、演奏を聴くことから始めましょう

● **付属CDについて**

演奏を耳で聴き、目で楽譜を見て、実際にギターに触ることにより、人間の五感の内の3つを使うことになります。これにより、効率的に上達するので、ぜひ付属のCDを利用してください。しかし、第一段階としては、どのような音を演奏するのかを目と耳で「確認する」ことから始めるだけでOKです。これなら自分のレベルに関係なくできるはずです。なお、付属のCDには「模範演奏」と「スロー演奏」の2種類が収録されていますので、目的やレベルに合わせて使い分けも可能です。

● **カウントについて**

本書のエクササイズ的な譜例にはカウントが入っています（カウントありの譜例は、演奏を2回くり返しています）。このカウントの数は、「拍子記号によって変わってくる」という決まりがあります。この点について詳しく説明すると長くなるので、以下の「カウントの法則」を確認してください。

> [カウントの法則]
> ❶譜面の左端にある分数を探す（分数が拍子記号です）
> ❷その分子がカウントの数
> ❸分数の代わりに「C」が書かれている場合がある
> ❹「C」は「4/4」の意味
> ❺よって「C」の場合、カウントは4つ

第2章　左指1本で名曲「禁じられた遊び」を弾こう

第3章

左指1本で
有名曲をガンガン弾こう

ここでは、いろんな曲のメロディを弾いていきます。弦を押さえるのに使用する指は左手の人差指1本です。細かいことは抜きにして、曲を弾くことを楽しんでください。楽しいことをくり返していくうちに、自然と演奏も上達していくことでしょう。

この章の内容

12	2弦を正しい音に合わせよう	40
13	2弦でドレミを弾こう	42
14	1弦と2弦でドレミファソを弾こう	44
15	3弦を正しい音に合わせよう	46
16	1弦〜3弦でドレミファソラシドを弾こう	48
17	4弦を正しい音に合わせよう	50
18	「ハッピー・バースデイ・トゥ・ユー」に挑戦しよう	52
19	練習曲「大きな古時計」、「コンドルは飛んでいく」を弾こう	54
	クラシックギターの「困った！」を解決するQ&A	56

レッスン 12 2弦を正しい音に合わせよう

キーワード チューニング／調弦③

ここでは2弦のチューニングをしていきます（2弦は、1弦の上にある弦です）。チューナーに示される2弦の音は「B」（シの音）になります。チューニングの方法は1弦と同じです。ちなみに、チューニングはギターを弾くたびに行なうのが基本です。

① 2弦を弾いてみましょう

- 下から2番目の弦が2弦です
- 人差指で2弦を弾きます
- となりの3弦まで弾かないようにしましょう

② チューナーに「B」が表示されているか確認します

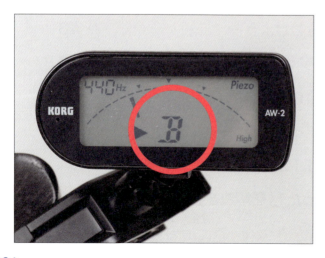

2弦を弾いた際、チューナーに「B」の文字が表示されているか、確認しましょう

ヒント
チューナーが反応しない時は、取り付け位置を変えてみましょう。また、複数の弦が鳴っているとチューナーが反応しない場合があります。

③ 2弦をB音に合わせます

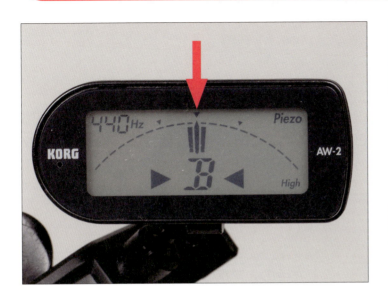

> チューナーの針が真ん中になるように、ペグを回して微調整します

> ペグを手前（自分側）に回すと音が低くなり、逆に回すと音が高くなります

ヒント
ペグはミリ単位で回します。それと同時に、ペグを回すたびにチューナーの針の動きをチェックしましょう。

ヒント
クラシックギターの弦はとても繊細なため、チューナーの針の動きが不安定な時があります。よって、チューニングは大雑把でもかまいません。1秒程度、針がメーターの中心を指したら、それでもOKです。

🏁 終わり

レッスン 13 2弦でドレミを弾こう

キーワード ドレミ

2弦でドレミを弾きましょう。1弦でもミの音を弾きましたが、ここでは2弦のみを使って弾きます。まずは、しっかりとドレミの場所を確認するところから始めてください。汎用性の高いポジションなので、覚えておいて損はありません。

第3章 左指1本で有名曲をガンガン弾こう

押さえる場所を確認しましょう

使用する弦は2弦のみです

左手の人差指のみで各ポジションを押さえます

ドを押さえたところ

1フレット

レを押さえたところ

3フレット

ミを押さえたところ

5フレット

B音（シの音）
2弦

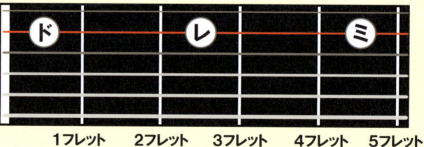
1フレット　2フレット　3フレット　4フレット　5フレット

① 「日の丸の旗」でドレミのトレーニングをします

実際の曲でドレミのポジションを覚えましょう

左手の人差指のみ使います

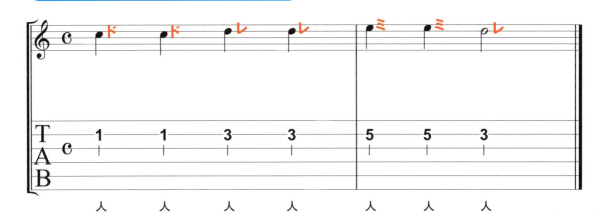

ヒント！

左手の人差指は、ほかの弦に触れないように押さえましょう。左の写真のように指を寝かせると、余計な弦（1弦）も押さえてしまうことがあります。

ヒント！

2弦5フレットと、1弦の開放弦は同じミの音が出るので確認してみましょう。このように、いろいろなポジションで同じ音を鳴らすことができるのが弦楽器の特徴です。

「日の丸の旗」Wors by 高野辰之、Music by 岡野貞一

レッスン14 1弦と2弦でドレミファソを弾こう

キーワード ドレミファソ

1弦と2弦を使ってドレミファソを弾きましょう。ここでも左手は、人差指1本でOKです。なお、2弦から1弦に移動する時は右手のピッキング（弦をはじく動作）にも注意が必要です。ほかの弦に右指が触れないように気をつけましょう。

使用する場所を確認しましょう

新しく覚えるポジションは、1弦のミ・ファ・ソです

使用する左手は人差指のみです

ミは開放弦なので、弦を押さえません

ファを押さえたところ ← 1フレット

ソを押さえたところ ← 3フレット

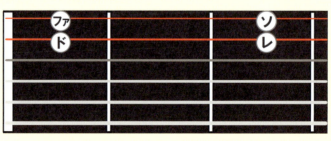

E音（ミの音）1弦
B音（シの音）2弦

第3章 左指1本で有名曲をガンガン弾こう

① ドレミファソを弾いてみましょう

2弦からスタートして、ドレミファソを弾きます

弦を押さえるのに使用する指は、左手の人差指のみです

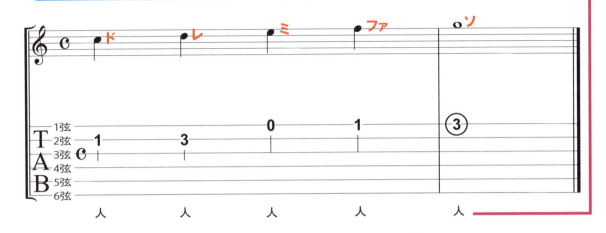

弦を押さえる場所は1フレットと3フレットのみ、ということがわかると、楽にポジションが覚えられます

ヒント

人差指の反対側に親指がくるようにします。この位置がキープできると、指の移動が楽になります。

また、ポジション移動するたびに、親指をネック（棒状のパーツ）から離さないように気をつけてください。スムーズなポジション移動の妨げになってしまいます。

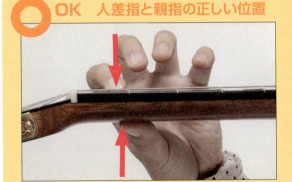

○ OK　人差指と親指の正しい位置

✗ NG　親指をネックから離さないこと

🏁 終わり

レッスン 15 3弦を正しい音に合わせよう

キーワード チューニング／調弦④

ここでは3弦のチューニングをしていきます。チューナーに示される3弦の音は「G」（ソの音）になります。チューニングの方法は1弦、2弦と同じです。

① 3弦を弾いてみましょう

下から3番目の弦が3弦です

右手の人差指で3弦をはじきます

となりの4弦まで弾かないようにしましょう

② チューナーに「G」が表示されているか確認します

3弦を弾いた際、「G」（ソの音）の音が表示されているか、確認しましょう

第3章 左指1本で有名曲をガンガン弾こう

③ 3弦をG音に合わせます

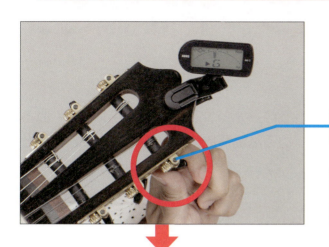

◆3弦のペグ

チューナーの針が真ん中を指すように、ペグを回して微調整します

ヒント❗

チューナーが見やすい位置にあるか確認してください。見づらいと思ったら、取り付け位置や角度を調整しましょう。

🏁 終わり

レッスン16 1弦～3弦でドレミファソラシドを弾こう

キーワード ドレミファソラシド

1弦から3弦を使ってドレミファソラシドを弾いてみましょう。これまで学んだドレミファソとは異なるポジションを使うのもポイントです。このように、いろいろな場所を使うのも、ギターの特色ということを覚えおきましょう。

ドレミファソラシドの場所を確認しましょう

5番目から8番目までのフレットを使います

ギターのネック（棒状の部分）の中央部分が5フレットから8フレットです

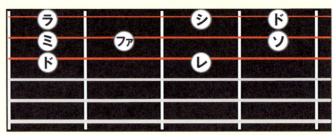

5フレット　6フレット　7フレット　8フレット

◆5～8フレット

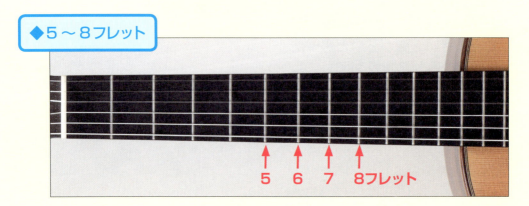

第3章　左指1本で有名曲をガンガン弾こう

48 できる

① ドレミファソを弾いてみましょう

ドレミファソラシドの場所を覚えるための練習なので、ゆっくり弾いても問題ありません

左手の人差指で弦を押さえ、右手の人差指で弦をはじきます

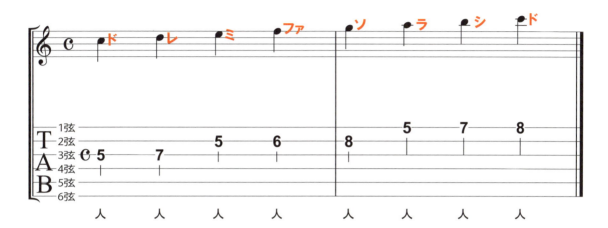

3弦の5フレットからスタートします

弦を移動したあとは、常に各弦の5フレットから弾き始めます

ヒント

右手の親指を6弦に添えると、右手全体が安定します。格段に弾きやすくなるので、試してみてください。

ヒント

ドレミファソラシドの場所を覚えると、いろんな曲が弾けるので便利です。しかし、本書ではタブ譜を使いますので、ここで完全に覚える必要はありません。数回弾いたら次のコーナーに行きましょう。

4弦を正しい音に合わせよう

キーワード チューニング／調弦⑤

次に4弦のチューニングをしていきます。チューナーに示される4弦の音は「D」（レの音）になります。ペグの位置が1弦～3弦と逆なので、場所をしっかり確認しましょう。ペグの回し方も逆にならないように注意してください。

① 4弦を弾いてみましょう

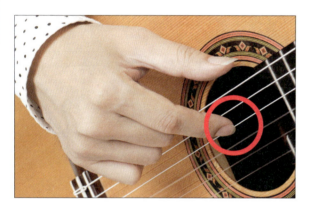

下から4番目の弦が4弦です

右手の人差指で4弦をはじきます

5弦も弾いてしまわないように気をつけましょう

② チューナーに「D」が表示されているか確認します

4弦を弾いた際、「D」（レの音）の音が表示されているか、確認しましょう

ヒント

4弦～6弦は普通の弦に細い弦を巻きつけたような構造なので、「巻き弦」や「ラウンドワウンド」と言います。

第3章 左指1本で有名曲をガンガン弾こう

50

③ 4弦をD音に合わせます

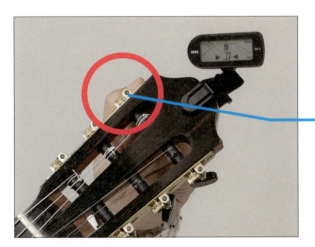

チューナーの針が真ん中を指すように、ペグを回して微調整します

◆4弦のペグ

4弦のペグの位置は、3弦のペグの上側になります

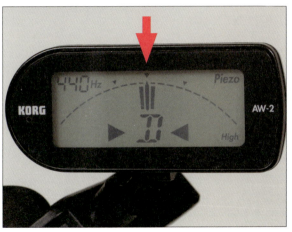

❶ペグの回し方は、これまでと同様です

❷逆に回さないように気をつけましょう

ヒント❗

　チューニングは、必ず何弦のペグに触れているかを確認してから行ないましょう。ほかの弦のペグを回していることに気がつかずチューニングをすると、弦を切ってしまうことがあります。
　弦だけでなく、大切な楽器もダメージを受けますので、ペグの位置確認は必須と思ってください。

🏁 終わり

「ハッピー・バースデイ・トゥ・ユー」に挑戦しよう

キーワード 弦移動

　ここでは「ハッピー・バースデイ・トゥ・ユー」の冒頭を弾いてみましょう。この曲は、3弦と4弦の2本の弦を使い分けます。つまり、弦移動が必要です。この曲で2本の弦を行き来する感覚をつかんでください。

押さえる場所を確認しましょう

曲で使用するポジションを確認しましょう

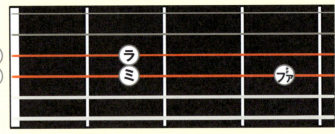

G音（ソの音） **3弦** ソ
D音（レの音） **4弦** レ

1フレット　2フレット　3フレット　4フレット

使う指は、左手の人差指のみです

「ファ♯」は、ファの音を1フレット分だけ高くした音です

ヒント

ちなみに「1フレット分」のことを「半音」と言います。また、♯（シャープ）は「半音だけ高くする」という意味になります。

① ドレミファソを弾いてみましょう

CD TRACK 13 模範演奏　CD TRACK 14 スロー演奏　18 弦移動

使用する弦は3弦と4弦のみです

レの音は4弦の開放弦なので、左手は使いません

ソの音は3弦の開放弦なので、左手は使いません

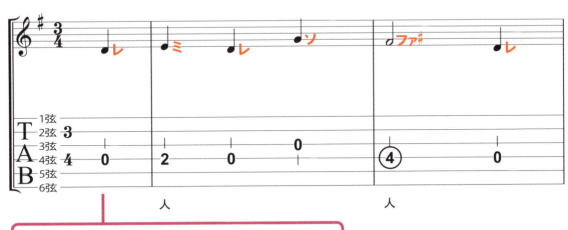

例外的に5回のカウントのあと、演奏をします

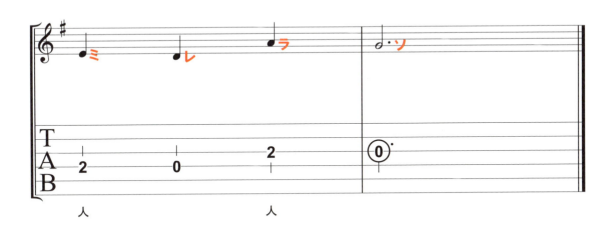

ヒント

ギターを弾く前に、メロディを歌いながら楽譜を確認すると、曲の感じがつかめます。この作業も立派に「楽譜を読んでいる」と言えます。

 終わり

「Happy Birthday to You」Words & Music by Mildred J. Hill、Patty Smith Hill

練習曲「大きな古時計」、「コンドルは飛んでいく」を弾こう

キーワード 🔑 練習曲（メロディ）

①「大きな古時計」を弾いてみよう

第3章 左指1本で有名曲をガンガン弾こう

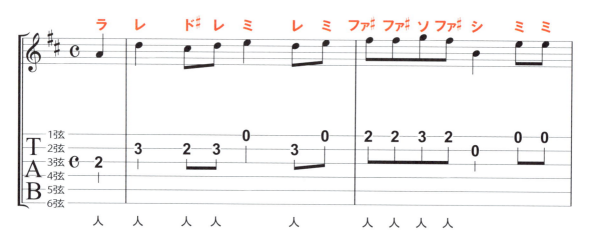

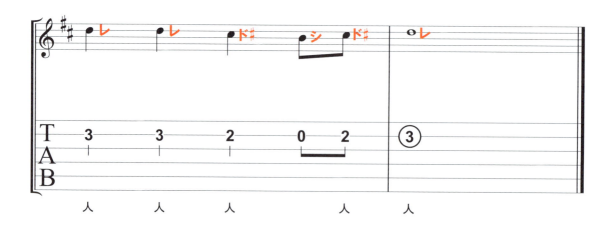

「My Grandfather's Clock」Words & Music by Henry Clay Work

アメリカ民謡の名曲「大きな古時計」と、アンデス民謡の「コンドルは飛んでいく」のメロディを弾いてみましょう。リズムが取りにくい時は、メロディを口ずさみながら弾くと感じがつかみやすくなります。歌詞ではなく「ラー、ラー・ララ・ラー」などと口ずさみながら、ギターを弾いてみましょう。

②「コンドルは飛んでいく」を弾いてみよう

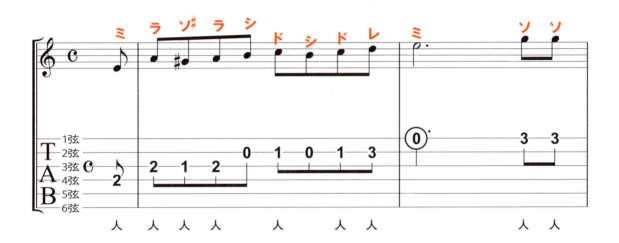

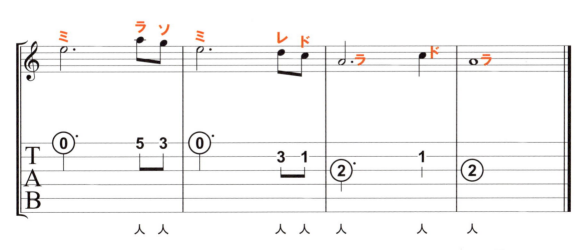

「El Cóndor Pasa」PD

クラシックギターの「困った！」を解決するQ&A

Q 左手の移動のコツを知りたい

A ガイドフィンガーでポジション移動します

　本章で頻用するガイドフィンガーについて詳しく解説しましょう。左手を移動させる時に、移動前後で「同じ指」と「同じ弦」を使うことがあります。この場合、弦から指を離さず、弦をレールに見立てて、沿うように指を移動させます。これを「ガイドフィンガー」と呼び、左手の動きが最小限になるのでスムーズに弾けるようになります。

　ポイントとしては、弦から指先が離れない程度に力を緩め（指先が弦に触れている程度になります）、弦に沿うように指先を動かします。

　ちなみに、本書では左指1本でさまざまなフレーズを練習しますが、これはガイドフィンガーを身につけるための練習でもあります。ガイドフィンガーはコードを弾く時にも使用できますので、ぜひ身につけてください。

[ガイドフィンガーが使える場合]
❶同じ弦、同じ指を使ってポジション移動する場合

[ガイドフィンガーのコツ]
❶弦をレールに見立てる
❷弦から指が離れない程度に力を抜く
❸その状態でポジション移動

第4章

人差指と中指でいろいろなコードを押さえよう

最も簡単な伴奏スタイルが、コードを弾く演奏です。ここでは、そのコードについて学んでいきます。覚えやすく、なおかつ押さえやすいものを選んで紹介しているので、コード学習の第一歩には最適な内容になっています。コードが押さえられるようになると、一気にレパートリーが増えるので、ぜひ身につけてください。

この章の内容

- ⑳ 伴奏でよく使われる譜面について学ぼう ……………… 58
- ㉑ 人差指1本で2種類のコードを弾き分けよう ……… 60
- ㉒ 5弦を正しい音に合わせよう ………………………… 62
- ㉓ 手始めに、コードを1個だけ弾いてみよう ………… 64
- ㉔ 6弦を正しい音に合わせよう ………………………… 66
- ㉕ 2個のコードを一気に覚えよう ……………………… 68
- ㉖ よく使うコードチェンジに挑戦しよう ……………… 70
- ㉗ 練習曲「アメイジング・グレイス」の伴奏に挑戦しよう‥ 72
- クラシックギターの「困った！」を解決するQ&A ……… 74

伴奏でよく使われる譜面について学ぼう

キーワード　ダイアグラム／リズム譜

　ここでは、タブよりもシンプルな譜面について解説します。慣れるとパッと見ただけで、演奏できるようになるので、とても便利です。なお、演奏の練習は次コーナー以降で行ないますので、このページは読むだけでOKです。

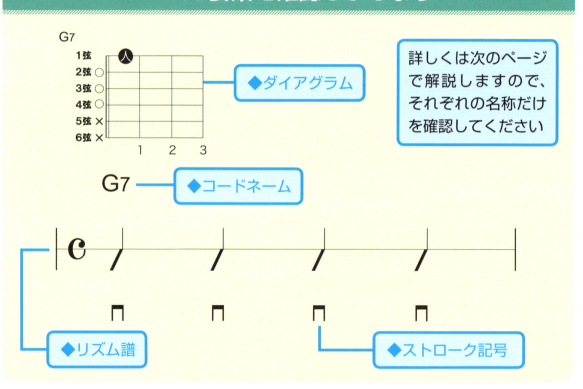

ヒント

　ギターの演奏では「コード（和音）」を伴奏として使うことがよくあります。コードとは複数の音を同時に鳴らしたもので、メロディのサポート的な役割を担います。例えば、歌とギターのみの演奏の場合、歌はメロディを担当し、ギターはコードの伴奏でメロディをサポートするわけです。

① ダイアグラムの解説です

指定のコードを弾く場合、どこを押さえるかを示した図が「ダイアグラム」です

弦を押さえる指を示しています

○は開放弦を示していて、2弦～3弦はどこも押さえずに鳴らします

×は弾かない弦を示していて、5弦と6弦は鳴らしません

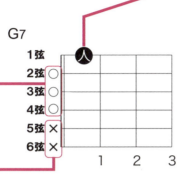

ヒント❗

ダイアグラムに示された㋕は人差指で弦を押さえるという意味です。

② コードネーム、リズム譜、ストローク記号です

実際の演奏は、ここに示された内容になります

演奏のリズムを示したものです（本書の場合、付属のCDで確認したほうが手っ取り早いでしょう）

コードネームは、コードの種類を示したものです

G7

ストローク記号（ピッキング記号とも言います）は弦をはじく方向を示しています

ヒント❗

┌┐はダウンストロークの記号で、下方向（6弦→1弦方向）に弦をはじきます。Vはアップストロークの記号で、上方向（1弦→6弦方向）に弦をはじきます。

🏁 終わり

人差指1本で2種類のコードを弾き分けよう

キーワード 頻出コード（C、G7）

　ここで実際にコードを弾いてみましょう。これまで右手の人差指で弦をはじいてきましたが、ここでは親指で弦をはじきます。ゆっくり、やさしい音を心がけると、美しい音が出しやすくなりますので試してみてください。

使用コードの確認をしましょう

　以下の2種のコードCとG7は、左手の人差指で弦を押さえます。また押さえる場所は、どちらも1フレットです。

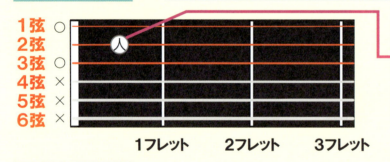

「メジャー」を省略して、単に「シー」コードと呼ぶこともあります

2弦を押さえた人差指が1弦に触れないように気をつけましょう

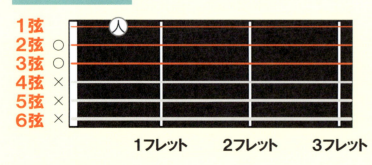

ヒント

　弦を押さえる左手は、指を立てるのが基本です。うまく指を立てられない人は、爪が長すぎる可能性がありますので、確認してください。

① 「起立→礼→着席」のコード進行を弾いてみましょう

CD TRACK 19 模範演奏　**CD TRACK 20** スロー演奏

21 頻出コード（C、G7）

音楽の授業でお馴染みの「起立→礼→着席」のコード進行です

使用する弦は1弦から3弦です

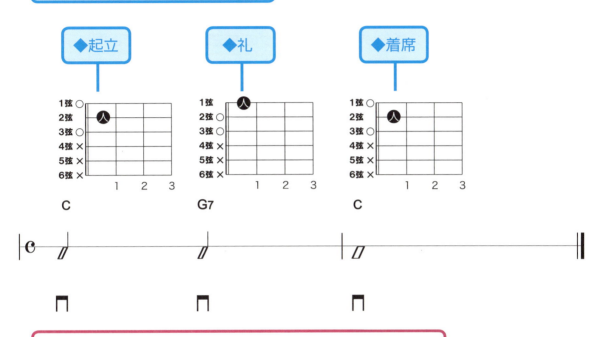

◆起立　C
◆礼　G7
◆着席　C

右手の親指でジャラーンと、ダウンストロークで弾きます

ヒント

弦をはじく右手の親指は、左写真のように軽く反らせます。そして、親指の脇を弦に当て、3弦から1弦に向けてダウンストロークをします（右写真）。

◆軽く反らせる

🏁 終わり

5弦を正しい音に合わせよう

キーワード チューニング／調弦⑥

では、5弦のチューニングをしていきましょう。チューナーに表示される文字は「A」（ラの音）になります。チューニングの方法は、これまでと同じ手順となります。右手は人差指でも親指でも、どちらで弦をはじいてもOKです。

① 5弦を弾いてみましょう

下から5番目の弦が5弦です（上から2番目の弦でもあります）

右手の人差指か親指で5弦をはじきます

② チューナーに「A」が表示されているか確認します

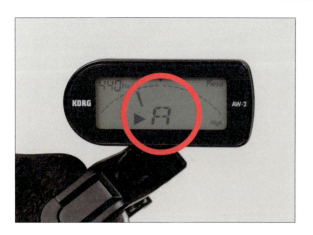

5弦を弾いた際、チューナーに「A」の文字が表示されているか、確認しましょう

第4章 人差指と中指でいろいろなコードを押さえよう

③ 5弦をA音に合わせます

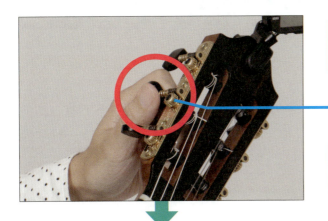

チューナーの針が真ん中にくるように、ペグを回して微調整します

◆5弦のペグ

ほかの弦のペグを回さないように注意してください

チューナーの針が真ん中を指していればチューニング完了です

ヒント

　チューナーによっては「440Hz（ヘルツ）」という文字が表示されるものがあります。この440Hzは「基準音」と言い、「ラの音が440Hz」という意味です。
　音楽以外でも440Hzのラの音は、時報にも使われることもあります。「ピッ・ピッ・ピッ・ポーン」の「ピッ」の音が440Hzのラの音です。

ヒント

　基準音が440Hzに決まったのは、1939年のロンドンで行なわれた国際会議です。ただ、必ずしも440Hzを守らなければいけないわけではありません。例えば、ピアノの調律やクラシックのオーケストラは、440Hzよりも高い音でチューニングされるのが普通です。ですから、ピアノなどと一緒に演奏する時は注意しましょう。

終わり

レッスン23 手始めに、コードを1個だけ弾いてみよう

キーワード　頻出コード（Am7）

これまで左手は人差指1本のみの使用でしたが、ここでは中指も使ってみましょう。練習するコードはAm7（エーマイナーセブンス）というコードです。あらゆるジャンルで使われる頻出コードなので、覚えておいて損はありません。

ダイアグラムを確認しましょう

1弦から5弦を使います

エーマイナーセブンス
Am7

6弦は使いません

1弦 ○
2弦　　人
3弦 ○
4弦
5弦 ○　　中
6弦 ×

1フレット　2フレット　3フレット

㊥は中指で弦を押さえるという意味です

第4章　人差指と中指でいろいろなコードを押さえよう

ヒント

指が立っている状態は、左写真のようになります。右写真のように指が寝ていると、ほかの弦に指が触れてしまいますので気をつけましょう。

○ OK　指が立っている

× NG　指が寝ている

① Am7の練習譜例です

頻出コード（Am7）

下の写真のように、左手の人差指と中指で弦を押さえます

人差指が1弦に触れないように、指を立て2弦を押さえます

中指が3弦に触れないように、指を立て4弦を押さえます

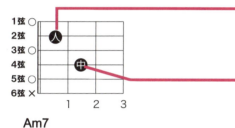

Am7

右手は親指を用いて、ジャラーンと音を出します

5弦から1弦に向け、ダウンストロークで弾きます

ヒント❗

柔らかくて、ふくよかな音のイメージを持ちつつ弦をはじきましょう。音をイメージできない場合は、付属CDの模範演奏をチェックしてください。

 終わり

レッスン 24 6弦を正しい音に合わせよう

キーワード　チューニング／調弦⑦

　いよいよ最後の弦、6弦をチューニングします。チューナーに表示される6弦の音は「E」（ミの音）です。1弦と同じE音ですが、6弦は低いE音となります。チューニングが終わったら、1弦と6弦を弾き比べてみるのも面白いでしょう。

① 6弦を弾いてみましょう

下から6番目の弦が6弦です（一番上の弦でもあります）

右手の人差指か親指で6弦をはじきます

② チューナーに「E」が表示されているか確認します

6弦を弾いた際に「E」（ミの音）が表示されているか、確認しましょう

第4章　人差指と中指でいろいろなコードを押さえよう

③ 6弦をE音に合わせます

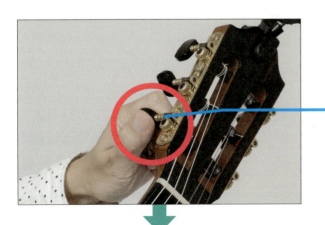

チューナーの針が真ん中を指すように、ペグを回します

◆6弦のペグ

6弦のペグの位置を確認し、ほかの弦のペグを回さないようにしましょう

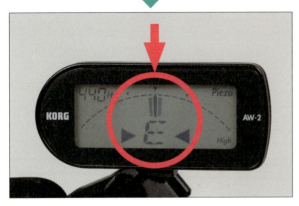

チューナーの針が真ん中を指していればチューニング完了です

> **ヒント**
>
> 　これで全部の弦をチューニングしましたが、張り替えたばかりの弦や、気温、湿度などでもチューニングは狂ってしまいます。ですから、ギターの練習をする前に、チューニングをするようにしましょう。また弾き終わったあとも、余裕があればチューニングをしてケースにしまいましょう。

🏁 終わり

レッスン 25 2個のコードを一気に覚えよう

キーワード 頻出コード（Em7、Em）

人差指1本で押さえるEm7（イーマイナーセブンス）と、人差指＆中指で押さえるEm（イーマイナー）という2個のコードを一気に覚えましょう。どちらもよく使うコードです。なお、使用する弦は1弦から6弦まですべての弦となります。

ダイアグラムを確認しましょう

6本全部の弦を使うコードです

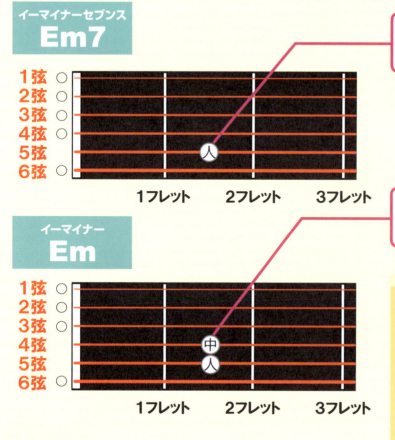

イーマイナーセブンス Em7

人差指で5弦2フレットを押さえます

イーマイナー Em

Em7に中指を足したものがEmです

ヒント

人差指と中指は立てて押さえましょう。指が寝てしまうと、隣接弦に指が触れてしまい、開放弦の音が消えてしまいます。

① Em7とEmの弾き分けの練習です

25

頻出コード（Em7、Em）

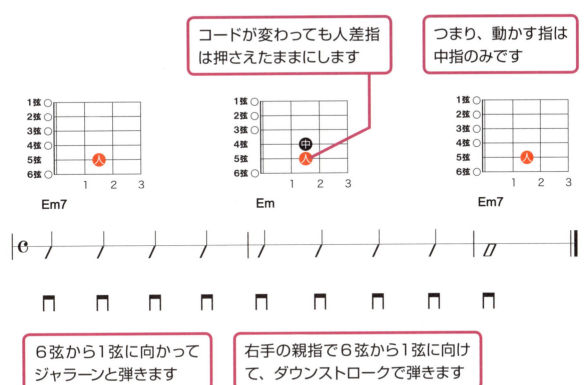

コードが変わっても人差指は押さえたままにします

つまり、動かす指は中指のみです

6弦から1弦に向かってジャラーンと弾きます

右手の親指で6弦から1弦に向けて、ダウンストロークで弾きます

ヒント❗

うまく弦を押さえられない時は、左手首が過度に曲がったりしていないか確認しましょう。

○ OK　適切な角度

✗ NG　曲げすぎ

終わり

よく使うコードチェンジに挑戦しよう

キーワード  頻出コード（Em7、G）

ここでは実際の曲でもよく使うコードチェンジに取り組みます。使用するコードはEm7とGコードです。このGコードのフォームは1弦を弾きませんが、鳴ってしまってもここでは気にせずに演奏してください。

ダイアグラムを確認しましょう

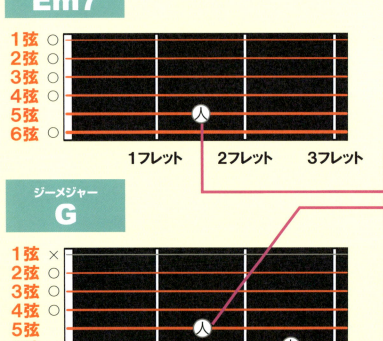

第4章　人差指と中指でいろいろなコードを押さえよう

① Em7とGコードのコードチェンジの練習です

CD TRACK 25 模範演奏　CD TRACK 26 スロー演奏

頻出コード（Em7、G）

多くの曲で使われるコードチェンジです

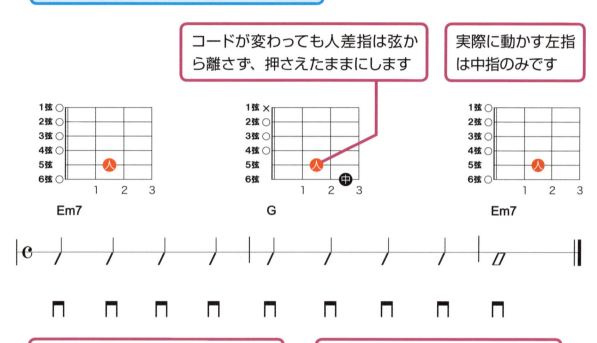

コードが変わっても人差指は弦から離さず、押さえたままにします

実際に動かす左指は中指のみです

6弦から1弦に向かってジャラーンとダウンストロークで弾きます

1弦が鳴ってしまっても気にせずストロークしましょう

ヒント

ここでの人差指のように、コードが変わっても指を離さないことがあります。コードチェンジでは、このような指を見つけることが重要です。ちなみに、この人差指のようにコードチェンジの軸となる指を「ピボットフィンガー」と呼びます。

🏁 終わり

練習曲「アメイジング・グレイス」の伴奏に挑戦しよう

キーワード　練習曲（伴奏）

CD TRACK 27 模範演奏
CD TRACK 28 スロー演奏

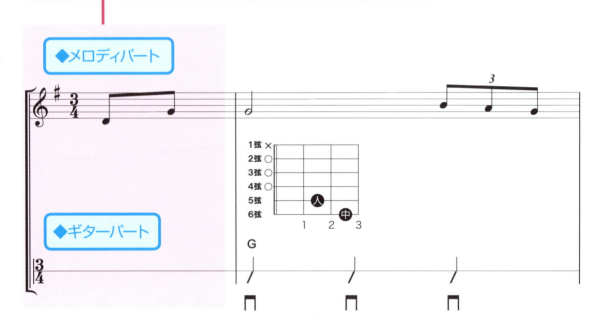

出だしのメロディ部分は、ギターによる伴奏はありません

◆メロディパート

◆ギターパート

第4章　人差指と中指でいろいろなコードを押さえよう

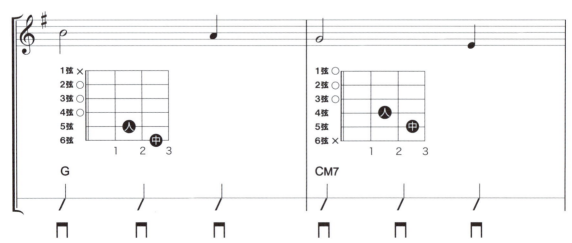

27 練習曲（伴奏）

名曲「アメイジング・グレイス」を弾いてみましょう。ゴスペル曲としても名高い曲ですが、CMや同名の映画での使用、国内外のアーティストによるカバーなど、幅広いフィールドで用いられている曲です。なお、使用するコードは2個のみ。これらを用いて、メロディをサポートするコードの役割を感じ取ってください。

ヒント！

Gコードを押さえた人差指と中指をそのまま上の弦にずらすと、CM7（シーメジャーセブンス）のフォームになります。

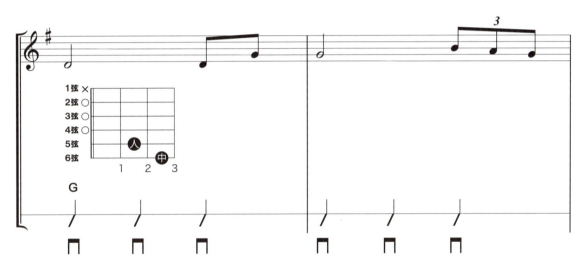

「Amazing Grace」PD

終わり

クラシックギターの「困った！」を解決するQ&A

Q コードの役割は何か？

A メロディは主人公、コードは主人公の性格を印象づけるもの

●伴奏の主軸がコード

複数の音を重ねたものをコードと言います。ポピュラーミュージックではコードを伴奏の主軸としてとらえる傾向が強いので、コードを覚えておくととても便利です。例えば、歌いながらギターを弾く「弾き語り」による演奏は、伴奏はコードを鳴らしているだけということがあります。

●コードの役割

ひと言で説明すると、「メロディは曲の主人公」、「コードはその主人公の性格を印象づけるもの」となります。

例えば、1曲の中にも明るかったり、暗かったり、いろいろな印象があると思います。このように、いろいろなイメージを与える要素をコードが担っていると思ってください。

[メロディ]
❶ 主人公
❷ 音使いやリズムの自由度が高い

[コード]
❶ メロディを印象づける役割
❷ コード内の音を中心に、シンプルなリズムで演奏

第4章 人差指と中指でいろいろなコードを押さえよう

第5章

右手の使い方に
バリエーションを持たせよう

コードを「ジャラ～ン」と弾くだけだと、単調な演奏になりがちです。そんな時に役立つのが、右手の各指を個別に動かす演奏です。そこで、本章では右手の動きを鍛えていきます。ここで紹介する右手の動きは代表的な基本パターンばかりなので、ぜひ身につけてください。

この章の内容

28	コードをバラして弾くアルペジオを学ぼう	76
29	右手の親指と人差指で「禁じられた遊び」を弾こう	78
30	3フィンガーピッキングで、アルペジオを弾こう	80
31	4フィンガーピッキングの演奏に挑戦しよう	82
32	練習曲「オーラ・リー」で右手を強化しよう	84
	クラシックギターの「困った！」を解決するQ&A	86

コードをバラして弾く アルペジオを学ぼう

キーワード アルペジオ／アルアイレ

コードを一気にジャラーンと弾くのを「ストローク」と呼ぶのに対して、コードの音をバラバラにポロロロ〜ンと弾くのを「アルペジオ」と呼びます。ギターの基本奏法のひとつで、日本語では「分散和音」とも言います。

「ストローク」と「アルペジオ」の違いを確認します

Emを例に、「ストローク」と「アルペジオ」の違いを譜面で確認しましょう

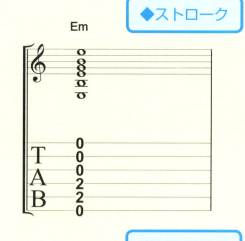

◆ストローク

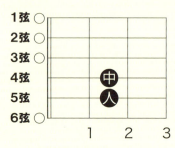

コードの構成音をバラバラに弾きます

◆アルペジオ

ヒント

ストロークとアルペジオの左手はまったく同じです。つまり両者の違いは、右手の使い方で決まると言えます。

第5章 右手の使い方にバリエーションを持たせよう

① 右手の使い方の目安です

右手の親指〜薬指までの4本の指を使います

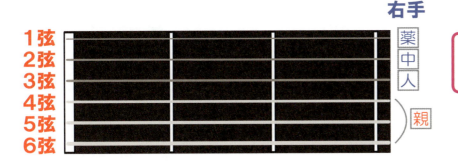

通常、右手の小指は使用しません

図はどの弦でどの指を使うかの目安で、これ以外の場合もあります

親指の位置が決まると、ほかの指の位置が決まってきます

② 弦をはじく基本動作です

アルペジオを弾く際、弦をはじいた右手は、できるだけ隣接弦に触れないようにしましょう

◆弦をはじく前

◆弦をはじいたあと

ヒント

上記のアルペジオに適した弦のはじき方を「アルアイレ」奏法と呼びます。アルアイレは、「空中へ」というスペイン語が語源になっています。

 終わり

レッスン29 右手の親指と人差指で「禁じられた遊び」を弾こう

キーワード 2フィンガーピッキング

手始めとして、右手の人差指と親指で、1弦と2弦をはじいてみましょう。練習題材は、2章で学んだ「禁じられた遊び」です。メロディと伴奏を同時に弾くため、厳密にはアルペジオではありませんが、右手の良い練習になります。

左手で押さえる場所と、右手の担当弦の確認です

左手は人差指のみを用いて弦を押さえます

各弦を担当する右手は、「親指＝2弦」、「人差指＝1弦」となります

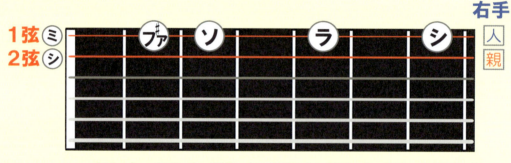

第5章 右手の使い方にバリエーションを持たせよう

ヒント

右手の親指と人差指によるピッキングを「2（ツー）フィンガーピッキング」と呼ぶことがあります。弦を何本も使うアルペジオには向いていませんが、速いフレーズは楽に弾けます。

① 右手の親指と人差指で「禁じられた遊び」を弾こう

人 は右手の人差指で弦をはじくことを、
親 は親指で弦をはじくことを示しています

2 フィンガーピッキング

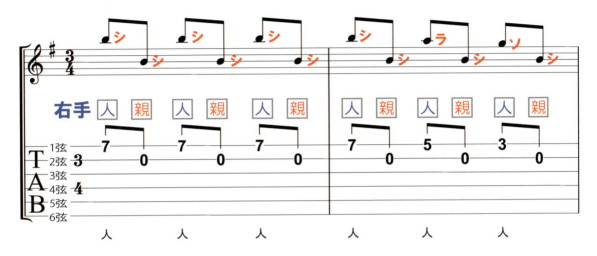

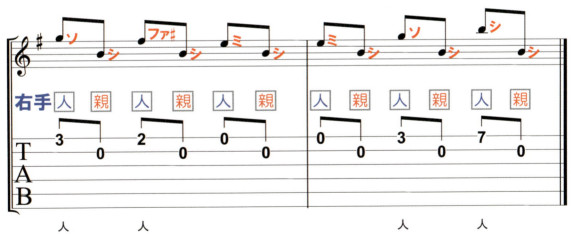

弦をはじいたあとの右指が、隣の弦
に触れないようにしましょう

🏁 終わり

「Romanza Anonima」Traditional

3フィンガーピッキングで、アルペジオを弾こう

キーワード　3フィンガーピッキング

右手の人差指と親指に、中指を加えた3本指でアルペジオを弾いてみましょう。このような奏法を「3（スリー）フィンガーピッキング」と言います。左手は人差指1本しか使いませんので、その分、右手に集中してください。

弦を押さえる場所と、右手の担当弦の確認です

左手の人差指をフレット1個分ずらして押さえます

各弦を担当する右手は、「親指＝3弦」「人差指＝2弦」「中指＝1弦」となります

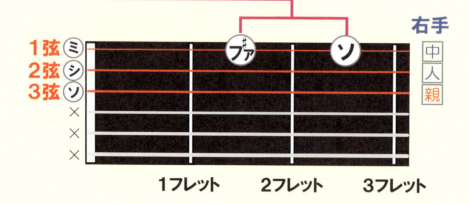

第5章　右手の使い方にバリエーションを持たせよう

ヒント❗

3フィンガーピッキングは、弾き語りでよく用いられる奏法です。汎用性が高いので、身につけておきましょう。

① 3フィンガーピッキングの練習譜例です

> 右手の動きが難しいと感じる場合、まずは親指に意識を向けるとスムーズに弾けるようになります

> 隣の弦に右手が触れて、音が止まらないようにしましょう

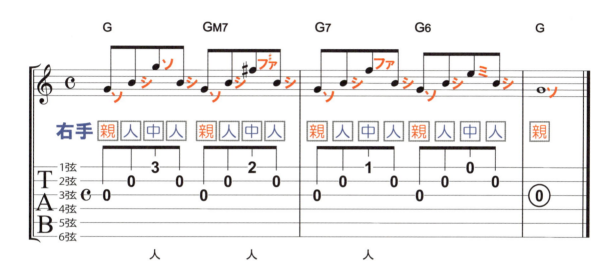

ヒント❗
右手で弦を引っ掻き上げると、「バチン！」という音が出てしまいます。力を抜いて、優しく美しい音を目指しましょう。

ヒント❗
譜例に書かれているコードの読み方は次のとおりです。
- G＝ジーメジャー
- GM7＝ジーメジャーセブンス
- G7＝ジーセブンス
- G6＝ジーシックス

🏁 終わり

レッスン31 4フィンガーピッキングの演奏に挑戦しよう

キーワード 4フィンガーピッキング／分数コード

右手の親指から薬指までの指を使う4（フォー）フィンガーピッキングの練習をしましょう。伝統的なクラシックギターの基盤となる演奏方法であるだけでなく、ポピュラー音楽でも頻繁に使用される奏法です。馴れておいてください。

左手で押さえる場所と、右手の担当弦の確認です

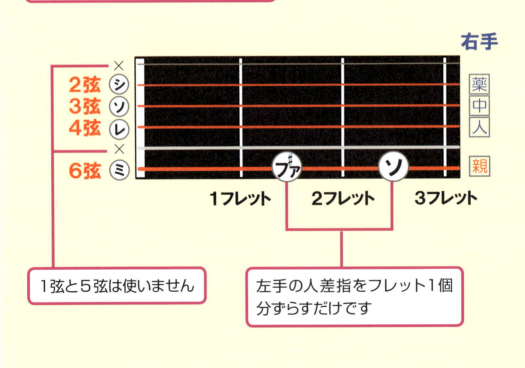

左手の人差指で、6弦の2フレットと3フレットを押さえます

1弦と5弦は使いません

左手の人差指をフレット1個分ずらすだけです

第5章 右手の使い方にバリエーションを持たせよう

① 4フィンガーピッキングの練習譜例です

> 使用する4本の弦をすべて響かせるように頑張りましょう

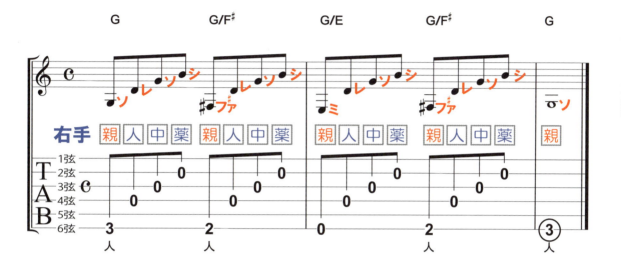

> 左手の人差指は、2弦を弾き終わってから移動させます

> 右手の親指ピッキングの位置がコードの変わり目になるので、親指ピッキングに意識を向けましょう

ヒント❗

　五線譜の上にあるコードに「G/F♯」など、スラッシュが使われているものがあります。これを「分数コード」と言います。「G/F♯」の場合、分子のGコードを弾き、分母は低いF♯音（ファの音）を弾きます。
　G/F♯をG(on F♯)と書く場合もありますが、弾く音はG/F♯と同じです。つまり、「G/F♯＝G(on F♯)」ということです。

【分数コードの意味】

● 分子＝コードを弾きます
● 分母＝低い音を弾きます

 終わり

レッスン32 練習曲「オーラ・リー」で右手を強化しよう

キーワード：練習曲（ソロギター）

CD TRACK 35 模範演奏
CD TRACK 36 スロー演奏

右手の人差指でメロディの音を出し、親指で伴奏の音を出すアレンジです

まずはメロディだけを弾いてみると、曲の感じがつかみやすくなります

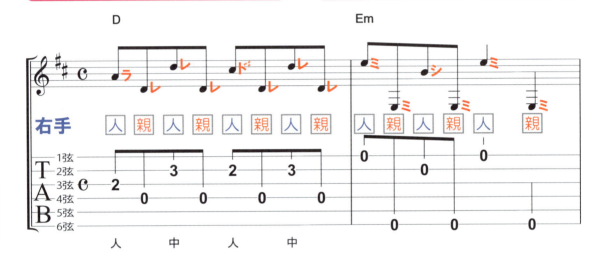

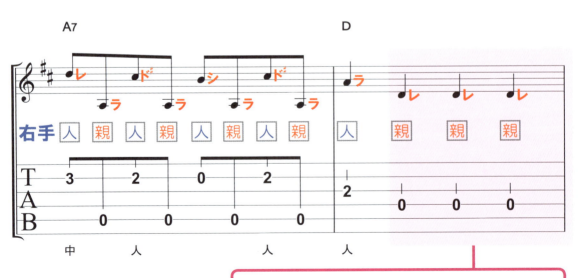

4弦の音は伴奏なので、親指で弦をはじきます

第5章 右手の使い方にバリエーションを持たせよう

実際の曲を題材に、右手の強化をしましょう。右手、左手ともに指2本しか使いません。メロディと伴奏を同時に弾く「ソロギター」という演奏スタイルになっている点もポイントです。

ちなみに「オーラ・リー」は、エルヴィス・プレスリーの「ラヴ・ミー・テンダー」の原曲としても有名です。

練習曲（ソロギター）

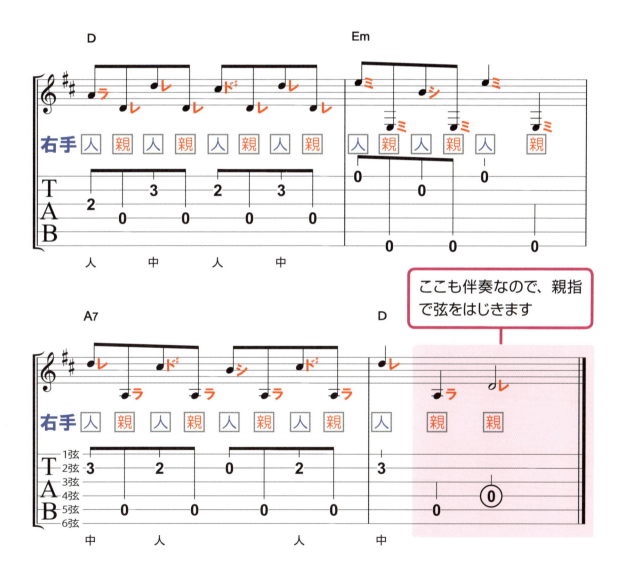

「Aura Lee」Words by W. W. Fosdick、Music by George R. Poulton PD

クラシックギターの「困った！」を解決する Q&A

Q 右手の爪は、どのくらい伸ばすの？

A 1〜1.5mmが基準ですが、演奏レベルや生活への影響を考慮して爪の長さを決めましょう

　クラシックギターの長い歴史の中では、多くのギタリストたちが爪を用いるか否かについて、さまざまな試行錯誤が重ねられてきました。そして、20世紀から現在では、ほとんどのクラシックギタリストが爪を使用して演奏しています。

　ただし、今すぐに爪を伸ばす必要はありません。本書の最終章に進み、ギターにも慣れてきた頃に、爪を伸ばして弦をはじくことにチャレンジしても良いでしょう。もちろん、この瞬間から爪を用いて演奏してもOKです。ただ爪を伸ばすと、生活にも少なからず影響を与えます。このあたりも考慮してください。

　爪の長さは、手のひら側から見て、指先から1mmから1.5mm出る程度を基準にしましょう。爪の形は自分の指先に沿って緩やかなカーブを描くようにします。長さだけではなく、研磨も大事になり、爪やすりを用いて手入れを行なうと良いでしょう。細やかな作業ですが、サウンドへの影響は少なくありません。さまざまな演奏に触れ、演奏レベルに合わせて、爪の使用を考えてみてください。

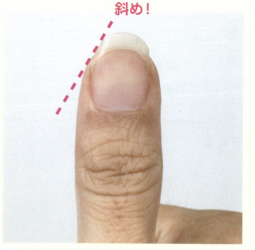

斜め！

親指の爪は、写真のように左端を切ると弾きやすくなります

第6章

左手の薬指と小指も加えて、主要コードをマスターしよう

語学学習で、辞書の単語をページ順に覚えていく人はいません。よく使うものから覚えていくのが鉄則です。同様にコード学習も、よく使うフォームから覚えていきましょう。また、左手4本の指を使うコードも登場しますが、このようなコードを押さえられるようになると、演奏の幅が広がるのも魅力です。

この章の内容

③③	薬指も使うコードを学ぼう	88
③④	フラメンコ風のコード進行を弾こう	90
③⑤	2個の頻出コードを同時に覚えよう	92
③⑥	小指を使うコードにチャレンジしよう	94
③⑦	練習曲「茶色の小瓶」でコードチェンジをしよう	96
	クラシックギターの「困った!」を解決するQ&A	98

レッスン 33 薬指も使うコードを学ぼう

キーワード 頻出コード(Am7、C)

第5章で学んだAm7に加え、Cコードを弾いてみましょう。Cコードでは左手の人差指、中指、薬指を使います。Am7とCコードはよく使うコードなので、しっかり弾けるようにしておきましょう。いろんな曲で役立ちます。

左手の薬指と小指も加えて、主要コードをマスターしよう 第6章

コードの押さえ方を確認します

Am7とCコードの押さえる場所をチェックしましょう

エーマイナーセブンス Am7

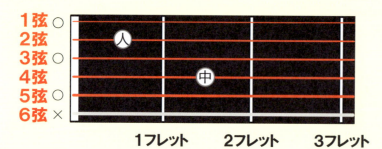

Am7、Cコードともに、人差指と中指は同じポジションです

シーメジャー C

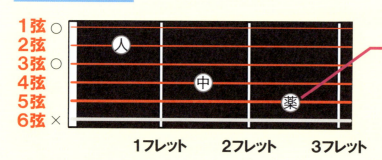

どちらのコードも6弦は使用しません

⑲は薬指で弦を押さえるという意味です

Am7に薬指を足したものがCコードです

① CとAmのコードを使った進行です

頻出コード（Am7、C）

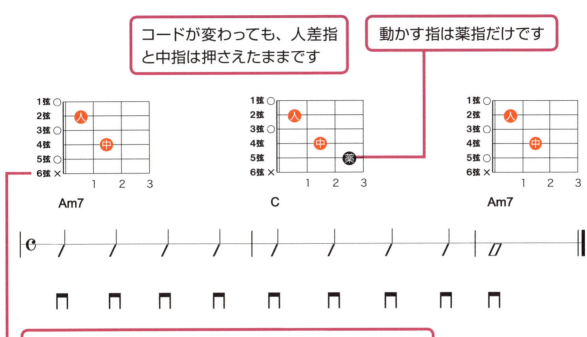

コードが変わっても、人差指と中指は押さえたままです

動かす指は薬指だけです

6弦は使いませんが、それほど神経質にならなくてOKです

ヒント

Am7とCコードのコードチェンジは、次のようにすると最小の動作ですみます。
①薬指を5弦3フレットの上で待機させた状態で、Amを弾きます（写真1）。

②Cコードは、待機させていた薬指で5弦3フレットを押さえるだけです（写真2）。
③薬指を離すと、Am7に戻ります。

◆写真1：Am7

◆写真2：C

終わり

レッスン34 左指3本で、フラメンコ風のコード進行を弾こう

キーワード 🔑 頻出コード(E)

フラメンコは高度な技術を必要とする音楽ですが、ここで紹介するプレイはとても簡単です。左指3本で押さえたコードをそのままフレット1個分をずらすだけで演奏できてしまいます。では早速、フラメンコ風の演奏に挑戦してみましょう。

コードの押さえ方を確認します

1弦から6弦までのすべての弦を使います

左手の人差指、中指、薬指で、3弦〜5弦を押さえます

Eコードを押さえた指を、フレット1個分ずらしたものがF/Eコードです

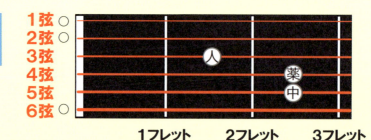

ヒント

F/Eは簡易的な表記で、正確に書くとFM7(♯11)/Eとなります。読み方は「エフ メジャーセブンス シャープイレブンス／イー」です。

① フラメンコ風のコード進行です

❶ コードチェンジの際、左指を弦から離さないようにします

❷ 左指は弦に軽く触れさせた状態で移動させると、最小の動作でコードチェンジができます

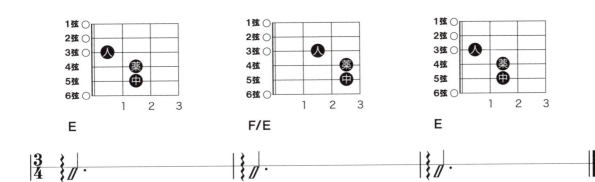

弦をはじく動作は下記のヒントを参考に行なってください

ヒント💡

　この譜例は「ラスゲアード」と呼ばれる奏法で弦をはじいています。その方法を説明しましょう。
①まず左側の写真のように、右手を握ります。
②次に、薬指、中指、人差指の順番で弦をはじきます（写真右）。
③「ジャララ〜ン」というイメージで音を出しましょう。

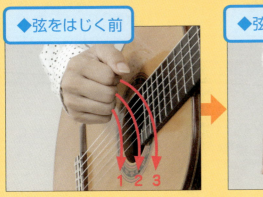

◆弦をはじく前

◆弦をはじいたあと

 終わり

レッスン35 2個の頻出コードを同時に覚えよう

キーワード 頻出コード（Dadd9 ／ D）

Dadd9とDコードをセットで学びます。Dadd9とDコードを使ったプレイは、印象的なフレーズになりやすいので、曲の出だし（イントロ）などで使われる頻出パターンでもあります。動かす指は中指のみなので、気楽に取り組んでください。

左手の薬指と小指も加えて、主要コードをマスターしよう　第6章

コードの押さえ方を確認します

人差指と薬指は、常に押さえたままです

ディーアドナインス Dadd9

ディーメジャー D

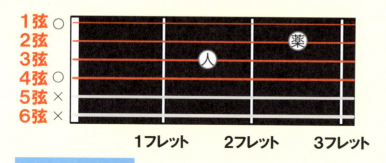

どちらのコードとも、5弦と6弦は用いません

Dadd9に中指を足したものがDコードです

① Dadd9とDコードを使ったコード進行です

> コードが変わっても、人差指と薬指は押さえたままです

> 5弦と6弦は使いません が、鳴らしてしまっても大きな問題はありません

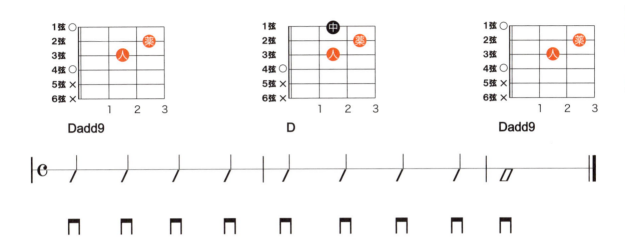

> Dadd9を押さえた段階で、左手の中指は1弦3フレットの上で待機させます

> 待機させている中指で、1弦3フレットを押さえます

> **ヒント**
> 上の譜例のコード進行では、1弦の音のみが変化しています。この場合、1弦の音はとても重要なので、薬指が1弦に触れないように注意しましょう。極端に言うと、1弦の音がうまく鳴っていればそれでOKです。

終わり

レッスン36 小指を使うコードにチャレンジしよう

キーワード 頻出コード（G、CM7）

左手の小指を使うコードにチャレンジしてみましょう。これで左手の人差指から小指までを使うことになります。一番力が入りにくい小指は、動きが鈍く、使いづらいものです。ここで紹介する譜例でしっかり鍛えましょう。

左手の薬指と小指も加えて、主要コードをマスターしよう　第6章

コードの押さえ方を確認します

どちらのコードも、小指は押さえたままです

ジーメジャー G

小は小指で弦を押さえるという意味です

シーメジャーセブンス CM7

以前登場したCM7とは異なる押さえ方です

Gコードの人差指と中指の形を保ったまま、弦を移動させてCM7を押さえます

94 できる

① 小指を鍛えるためのエクササイズです

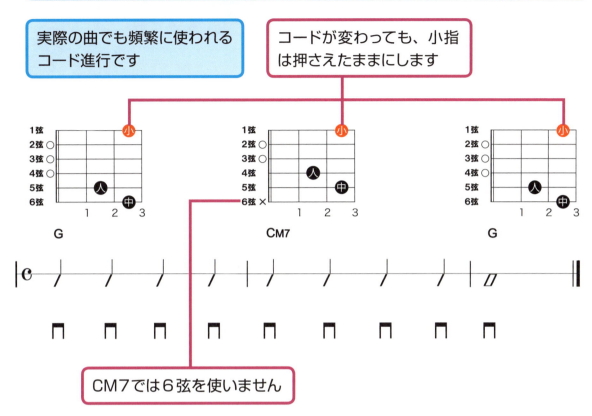

実際の曲でも頻繁に使われるコード進行です

コードが変わっても、小指は押さえたままにします

CM7では6弦を使いません

頻出コード（G、CM7）

ヒント

　CM7は1弦を押さえず開放弦を使うフォームもあります。しかし、GコードとCM7のコードチェンジの場合、小指を押さえたままのほうが簡単になります。小指を押さえたままなら、人差指と中指の2本だけを動かせばよいからです。

　また上記の譜例は、小指の鍛錬にもなります。「気がつくと小指がピーンと伸びている」という人には最適の練習となります。日々のトレーニングに加えてみましょう。

終わり

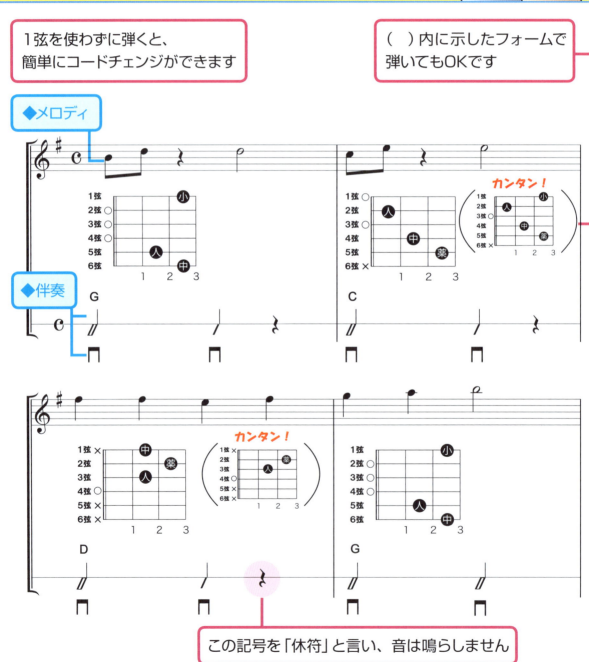

練習曲（コードチェンジ）

ここでは「茶色の小瓶」にチャレンジしましょう。この曲は陽気なメロディが魅力的で、ジャズ・スタンダードとしても知られています。使用するコードは、Gコード、Cコード、Dコードの3種類です。これまで以上に難しいので、最初は1弦を使わないで弾いてもOKです（つまり、1弦は押さえず、弦もはじきません）。

ヒント

休符の間に「次のコードの準備」をすることがポイントです。この準備により、スムーズなコードチェンジが可能となります。コードチェンジが難しいと感じた時は、次のコードの手前を弾かないという「休符作戦」が有効です。

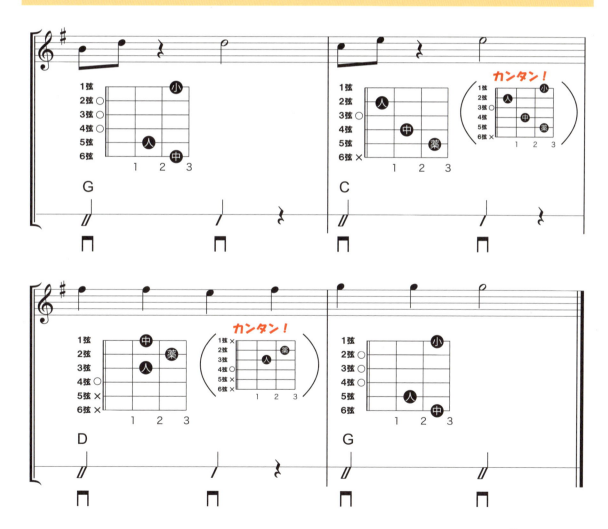

 終わり

「Little Brown Jug」Music by Joseph Eastburn Winner

クラシックギターの「困った!」を解決するQ&A

Q 左手の爪は、どのくらい短くするの？

A 手のひら側から見て、爪が隠れる程度が目安です

　基本的に、ギターの演奏で左手の爪は用いません。また、爪を短めにすることで、弦が押さえやすくなります。ですから、左手の爪は短くしましょう。

　左手の爪の長さは、指を立たせて弦を押さえた際、爪が当たらなければOK。目安としては、手のひら側から見て爪が完全に隠れるぐらいになります。いきなり爪切りで多くの部分を切ってしまうと深爪になってしまうこともあるので、ある程度短くしたら、爪ヤスリなどを用いて短くしていきましょう。そして、弦が押さえづらくならない長さまで微調整していきます。

　また「気がついたら爪が伸びていたために、いつもは弾けるフレーズが弾けなくなっていた」という話もよく聞くので、左手の爪の長さには気をつけるようにしてください。

第7章

押さえづらいコードを攻略しよう

コードの中には、多くの人が苦労するフォームがあります。本章ではそんな押さえづらいコードの攻略法を学んでいきます。また、どうしても押さえられない時の対処法も紹介しています。指の基礎体力も必要な項目なので、とにかく気長に取り組むのも重要ということを覚えておいてください。

この章の内容

- ㊳ 人差指1本で、2本の弦を同時に押さえよう ····· 100
- ㊴ 3本の弦を人差指1本で押さえよう ············ 102
- ㊵ 省略形のFコードを知っておこう ············ 104
- ㊶ 全弦セーハのFコードに挑戦しよう ············ 106
- ㊷ 薬指セーハのコードも知っておこう ············ 108
- ㊸ ついでに2種類のコードを身につけよう ········ 110
- ㊹ 練習曲「カルメン組曲」でフラメンコ気分を味わおう ··· 112
- クラシックギターの「困った!」を解決するQ&A ······· 114

レッスン 38 人差指1本で、2本の弦を同時に押さえよう

キーワード 人差指セーハ①

複数の弦を同じ指で押さえることを「セーハ」と呼びます。スペイン語で「眉」を意味するこのテクニックを用いて、2本の弦を押さえてみましょう。なお、セーハは指に大きな負担がかかります。ですから、休みながら、ゆっくりと練習しましょう。

人差指セーハのポイントを確認します

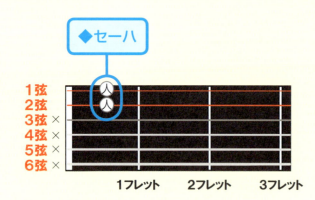

人差指の側面を用いて、1弦と2弦を押さえます

弦を押さえる場所は、人差指の外側になります

人差指の第一関節を反らせ気味にすると、弦に力が伝わりやすくなります

押さえづらいコードを攻略しよう 第7章

① 人差指セーハに慣れるための練習です

CD TRACK 47 模範演奏　**CD TRACK 48** スロー演奏

38 人差指セーハ①

始めは音が途切れてもかまいませんので、セーハの動作に慣れることを目標にしましょう

ヒント❗
1弦と2弦の1フレットを押さえるフォームは、後述するFコードと共通のポジションです。また、Dm7でもこのポジションが登場します。

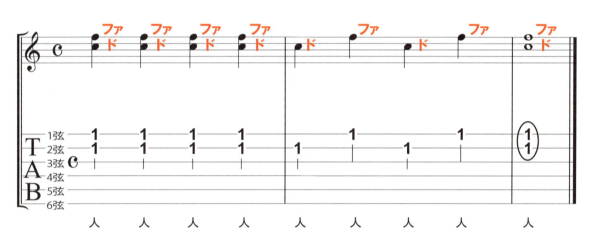

右手は、親指＝2弦、人差指＝1弦を使って弦をはじきます

ヒント❗
　左手の親指の位置によってもセーハのしやすさが変わってきますので、いろいろと試してみましょう。ただ、親指がヘッド方向を向いてしまうのはNGです。親指は、上方向を指すようにしましょう。

❌ 親指がヘッド方向を指している

 終わり

できる | 101

レッスン39 3本の弦を人差指1本で押さえよう

キーワード 人差指セーハ②

今度は人差指で、1弦から3弦までの3本の弦を押さえてみましょう。DM7（ディーメジャーセブンス）を題材に、ボサノヴァ風の演奏を行ないます。最小限の力で弦を押さえられるように、弦と人差指の接触部分をしっかり観察してください。

押さえづらいコードを攻略しよう　第7章

コードの押さえ方を確認します

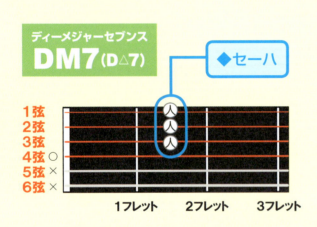

ディーメジャーセブンス **DM7**(D△7) ◆セーハ

- DM7のM（メジャー）の代わりに△を用いる書き方もあります
- 左手の人差指で1弦から3弦を押さえます
- 人差指の先が、4弦に触れないように気をつけましょう

ヒント

左手の人差指は第一関節を少し反らせるようにします。人差指を反らせずに、まっすぐにしてしまうと、余計な力が入りやすいので気をつけましょう。

○ OK　第一関節を反らせる

× NG　指がまっすぐ　ピキーン！

① 人差指セーハを用いたボサノヴァ風の演奏です

DM7のお洒落な響きを楽しみましょう

人差指の頭が4弦に触れて、4弦解放の音を消してしまわないように気をつけましょう

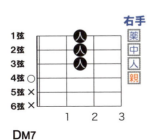

DM7

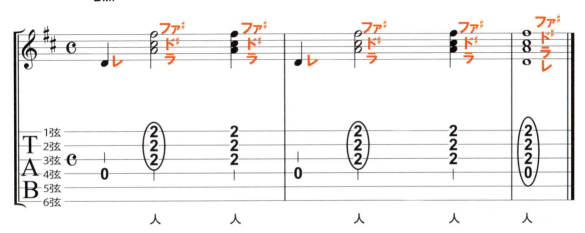

右手の親指で4弦をはじきます

右手の人差指＝3弦、中指＝2弦、薬指＝1弦で弦をはじきます

レッスン 40 省略形のFコードを知っておこう

キーワード 人差指セーハ③

押さえづらいフォームとして有名なFコードの登場です。とは言っても、1弦から4弦までしか使わない省略型のFコードなので、比較的マスターしやすくなっています。始めは音が出なくても、気にせず取り組むことが上達への近道です。

コードの押さえ方を確認します

エフメジャー
F

1弦から4弦までを使用するFコードの解説です

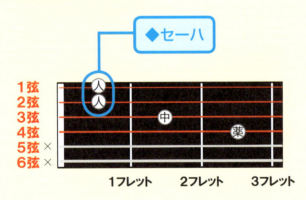

◆セーハ

左手の人差指で、1弦と2弦の1フレットをセーハします

この人差指セーハはレッスン38（100ページ）で学んだポジションと同じです

薬指、中指から押さえて、最後に人差指セーハをすると、セーハが保ちやすくなります

押さえづらいコードを攻略しよう　第7章

① Fコードを攻略するためのトレーニングです

CD TRACK 51 模範演奏
CD TRACK 52 スロー演奏

40

人差指セーハ ③

右手の使用指はダイアグラムの右側に記しています

1弦、2弦のみ人差指セーハをしているか確認しましょう

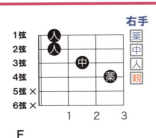

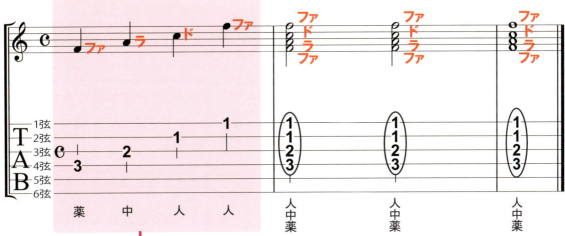

この部分はコードをバラバラに弾くアルペジオです

譜面どおりに、薬指→中指→人差指の順番で押さえると、人差指に大きな負荷をかけずにセーハができます

ヒント

弦を押さえた指が、フレットの棒と平行気味になるようにしましょう。斜めになっていると、うまく押さえられません。

○ 指がフレットと平行
× 指が斜めになっている

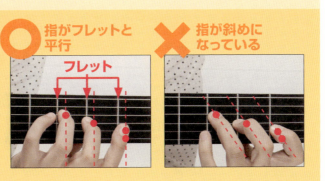

 終わり

レッスン41 全弦セーハのFコードに挑戦しよう

キーワード 全弦セーハ

人差指で全弦セーハをするFコードを学びましょう。押さえづらいコードなので、重要な音から弾けるようになる練習方法を紹介します。この方法を知っておけば、実際の曲を弾く時、全部の弦を弾かずにすむので便利です。

コードの押さえ方を確認します

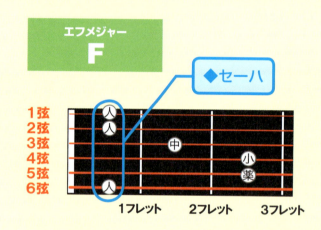

エフメジャー **F**

◆セーハ

1弦と2弦が特に音が出にくい箇所です

人差指で全弦セーハをしますが、3弦〜5弦はほかの指で弦を押さえます

ヒント

人差指の外側の面で6本すべての弦を押さえるように意識しましょう。こうすると、より効率的に指の力が弦に伝わります。

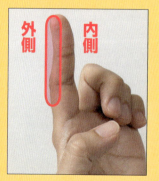

外側 / 内側

ヒント

人差指は軽く曲げるほうが楽に弦が押さえられます。これにより、特に音が出にくい1弦〜2弦にも、人差指の力が伝わりやすくなるからです。

軽く曲げる

押さえづらいコードを攻略しよう 第7章

① 重要な音から順番に鳴らすトレーニングです

ヒント❗
下のパワーコードは、FコードだけでなくFmやFm7などでも使える便利なフォームです。さらに一番低い音を変えれば、さまざまなコードに使えます。

5弦～6弦、もしくは4弦～6弦のフォームは「パワーコード」とも呼ばれ、コードのベーシックな響きを担当します

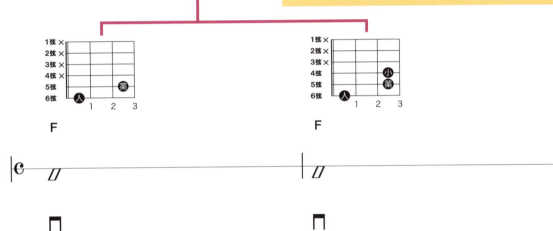

3弦の音はFコードの明るいサウンドを決定づける音です

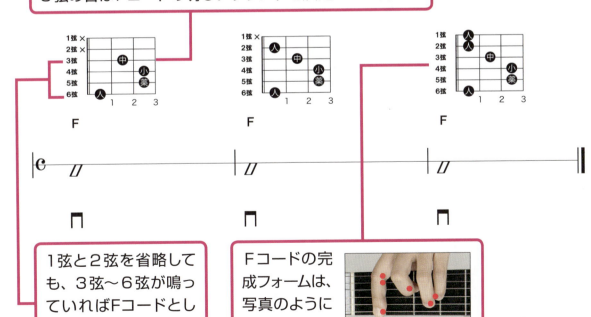

1弦と2弦を省略しても、3弦～6弦が鳴っていればFコードとして成り立っています

Fコードの完成フォームは、写真のようになります

🏁 終わり

レッスン 42 薬指セーハのコードも知っておこう

キーワード 薬指セーハ

薬指で3本の弦をセーハするCコードは、クラシックギターではほとんど使用しません。クラシックギターはネックの幅が広いため、押さえづらいからです。しかし最近は、ネック幅の狭いクラシックギターも手に入りやすく、またエレキやアコースティックギターでは頻用されるフォームなので、知識として押さえておいてください。

押さえる場所を確認しましょう

薬指でセーハするフォームと、セーハなしのフォームを紹介します

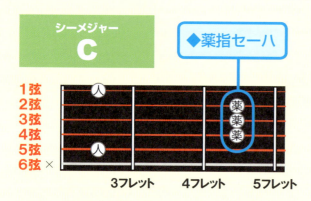

◆薬指セーハ

薬指で2弦から4弦の5フレットをセーハします

人差指は1弦から5弦の3フレットをセーハします

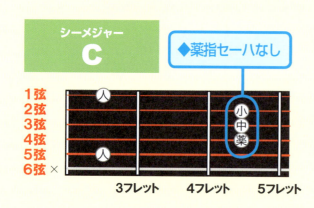

◆薬指セーハなし

薬指のセーハの代わりに、中指、薬指、小指を用いる方法もあります

ネック幅の広いクラシックギターは、基本的にこの方法を用います

① Cコードを用いたトレーニングをします

「始めは音が出にくい」と覚えておきましょう

薬指を反らして、1弦に触れないようにします

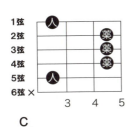

C

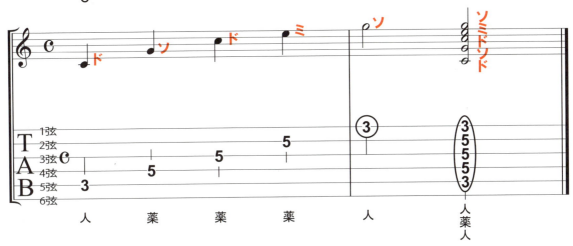

ヒント

薬指セーハなしの押さえ方に変更してもOKです。

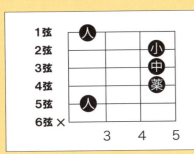

終わり

レッスン 43 ついでに2種類のコードを身につけよう

キーワード 頻出コード（Cm／Cm7）

前のレッスン42のCコードの類似系とも言えるコードを覚えましょう。ここで紹介するコードもセーハを使いますが、Cコードよりも押さえやすいコードとなっています。また、使用頻度も高いので、この機会にしっかり身につけましょう。

コードの押さえ方を確認します

シーマイナー Cm

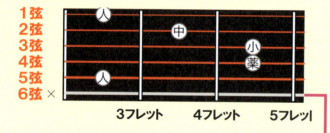

CmとCm7は、6弦を用いません

シーマイナーセブン Cm7

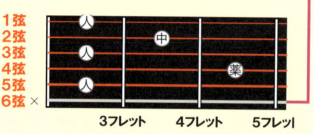

Cm7は、Cmの型から小指を外した型になります

① Cm7からCmへのコードチェンジ譜例です

最初から小指を3弦3フレットの上に待機させておくと、Cmが押さえやすくなります

小指で3弦3フレットを押さえ、Cmを弾きます

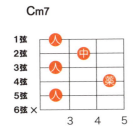

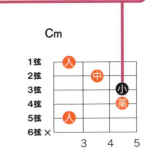

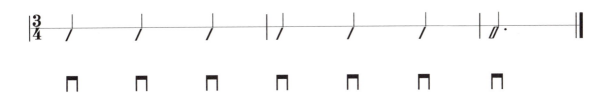

6弦を弾かないようにしましょう

ヒント

人差指の先を6弦に触れさせておけば、6弦が鳴ってしまうことが防げます。これなら、間違って6弦をはじいてしまっても大丈夫です。

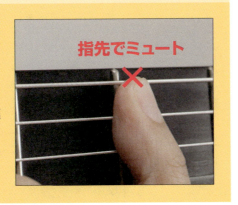

指先でミュート

ヒント

いろいろなセーハのコードを練習することで、セーハのコツがつかみやすくなります。ですから、ひとつひとつマスターしていくのではなく、いろいろなフォームに挑戦していってください。

終わり

練習曲「カルメン組曲」で フラメンコ気分を味わおう

キーワード　練習曲（人差指セーハ）

CD TRACK 59 模範演奏
CD TRACK 60 スロー演奏

人差指を使わずにEを押さえることで、続くコードを楽に押さえることができます

Eの中指〜小指（ダイアグラムの赤で示した部分）を平行移動し、人差指セーハを加えるとFコードとGコードが完成します

押さえづらいコードを攻略しよう　第7章

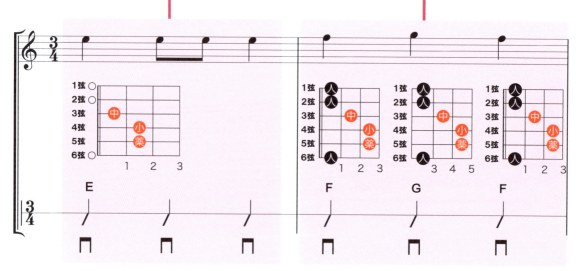

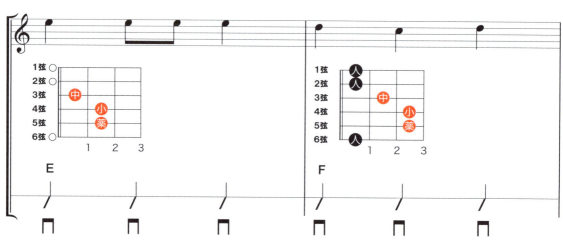

44 練習曲（人差指セーハ）

クラシックの名曲でセーハのトレーニングをします。練習題材はビゼーの傑作、オペラ「カルメン組曲」の中の「アラゴネーズ」です。曲名を知らなくても、演奏を聴けば誰でもピンとくるはずです。左手の中指、薬指、小指は弦から離さず、平行移動すればOKです。この曲で、セーハの最終仕上げをしましょう。

> **ヒント**
> この曲のように、同じ形のフォームが連続するような演奏は、余計な力が入りがちです。ですから、休憩を挟みながら練習をするようにしましょう。

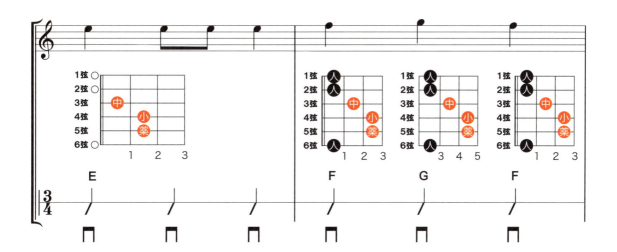

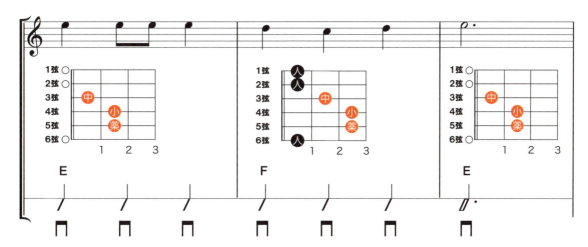

「CARMEN」Music by Georges Bizet

終わり

クラシックギターの「困った！」を解決する Q&A

Q レッスンのメリットは？

A 効率よく上達し、仲間が増えることなどがメリットです

　いわゆるレッスンで共通して行なわれることは、「テキスト」や「練習曲」の使用でしょう。これらを通じて、基礎の習得、技術の向上を目指すわけです。情報化社会の今、さまざまなメディアを使って、ある程度はギター習得が可能です。しかし、その人にとって重要なポイントを確認しながら進むレッスンは、独学よりも圧倒的に効率的です。自分では気づきにくい点の指摘や、初歩の段階でありがちな悪癖を防げるといった点も見逃せません。また、モチベーションの維持、憧れの曲への取り組みなども、レッスンに優位性があると言えます。

　レッスンの形式は、大きく分けて2種類。マンツーマンのレッスンと、グループレッスンです。マンツーマンのレッスンは自分の目的に合ったプログラムが組めるのが特長のひとつで、グループレッスンはみんなと楽しく学べるのが魅力です。

　もし、通いやすい場所にスクールがある場合は、一度、見学に足を運んでみてはいかがでしょうか。気の合う先生、楽しいギター仲間との出会いは、音楽以上に素晴らしい財産になるものです。

[レッスンのメリット]
① 効率的な上達
② モチベーションの維持が容易
③ 自分では気づかない点の指摘
④ 悪い癖がつきづらい
⑤ 仲間が増える

第8章

メロディと伴奏を同時に弾こう

メロディと伴奏を同時に弾くというと、凄く難しいように感じるかもしれませんが、そうとも限りません。クラシックギターは豊かな音色のため、少ない音数でも音楽的に成立します。ここでは、シンプルかつ豊かな響きが得られるアレンジに仕上げた有名曲を紹介していきます。

この章の内容

- ㊺ 「スカボロー・フェア」のメロディと低音を弾こう ･･･ 116
- ㊻ コード感をアップさせて「大きな古時計」を演奏しよう ･･ 118
- ㊼ 「エンターテイナー」の低音を動かしてみよう ････ 120
- ㊽ 練習曲「グリーンスリーヴス」でソロギターを学ぼう ･･ 122
- クラシックギターの「困った！」を解決するQ&A ･･････124

レッスン45 「スカボロー・フェア」のメロディと低音を弾こう

キーワード 🗝 ソロギター①

　メロディと伴奏音を弾くソロギターに挑戦しましょう。ここでは、メロディに低音を1個だけ足すというアレンジで弾きます。同時に鳴る音は2音のみですが、音楽的に十分なアンサンブルになっていることが確認できるはずです。

メロディと伴奏（低音）の判別方法の確認です

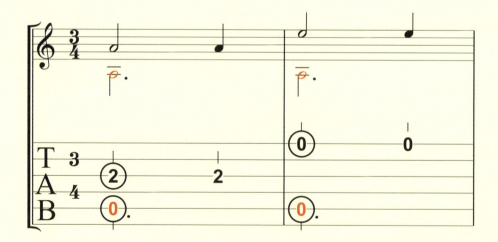

音符の棒や旗が上向きになっているのがメロディです

音符の棒や旗が下向きになっているのが伴奏（低音）です

右手の親指で弾く低音（伴奏）は赤色で記しています

メロディと伴奏を同時に弾こう　第8章

① 「スカボロー・フェア」のメロディと低音を同時演奏します

左手は人差指1本で弾いてみましょう

まずはメロディだけ弾いてみると、曲の感じがつかみやすくなります

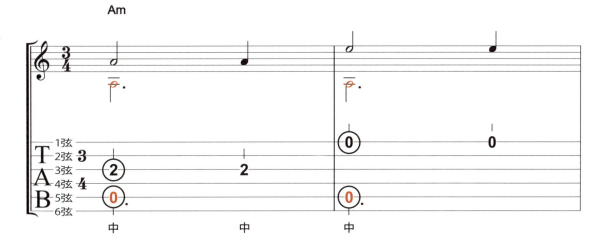

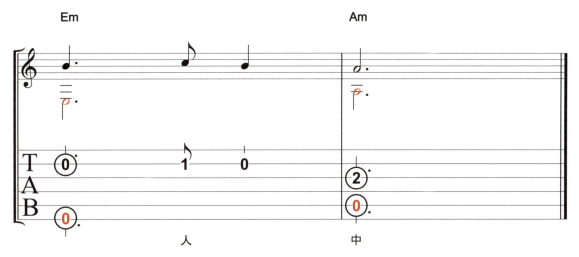

音符の旗が上向きの音はメロディで、右手の人差指で3弦、中指で2弦、薬指で1弦をはじきます

赤で示した音は低音で、右手の親指で弦をはじきます

「Scarborough Fair」PD

終わり

レッスン46 コード感をアップさせて「大きな古時計」を演奏しよう

キーワード ソロギター②

メロディと低音だけでも十分にソロギターの演奏として成り立ちますが、ここでは、さらに1音足したアレンジにチャレンジしましょう。メロディの音数も多いので、ゆっくり、丁寧に練習していくことを心がけましょう。

右手のポイントの確認をします

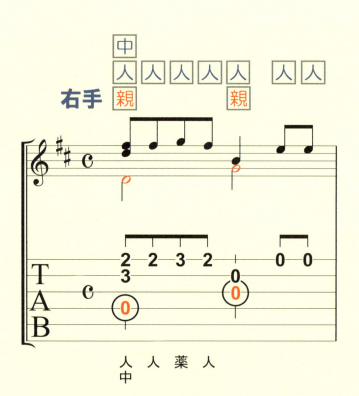

同時に3つ音を弾く場合、右手の親指、人差指、中指で弦をはじきます

基本的に、右手の人差指がメロディ、親指が低音を担当します

① 「大きな古時計」でソロギターの練習をします

46

ソロギター②

前のレッスン45より、コード感がアップしたアレンジになっています

基本的にメロディは、右手の人差指を使います

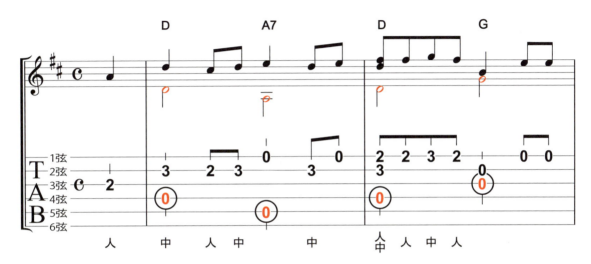

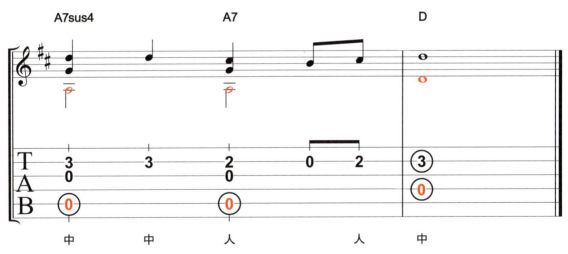

赤で記した低音は、右手の親指で弦をはじきます

3音を同時に弾く部分の右手は、親指、人差指、中指を使います

 終わり

「My Grandfather's Clock」Words & Music by Henry Clay Work　PD

レッスン47 「エンターテイナー」の低音を動かしてみよう

キーワード　ソロギター③

ポピュラーミュージックのルーツのひとつと言われるラグタイム。低音がリズミカルに動くのが特徴のジャンルでもあります。その名曲に挑戦しましょう。

メロディと伴奏音に分けて分析します

メロディと伴奏音を別々に弾いてみると、構造が理解しやすいでしょう

躍動感のあるリズムでメロディが奏でられています

◆メロディ

一定のリズムになっているのがわかります

◆低音

低音に動きがあるのも特徴です

メロディと伴奏を同時に弾こう　第8章

レッスン 48 練習曲「グリーンスリーヴス」でソロギターを学ぼう

キーワード：練習曲（ソロギター）

CD TRACK 67 模範演奏
CD TRACK 68 スロー演奏

メロディは、音符の旗が上向きになっています

赤で記した低音は、右手の親指で弦をはじきます

メロディと伴奏を同時に弾こう

第8章

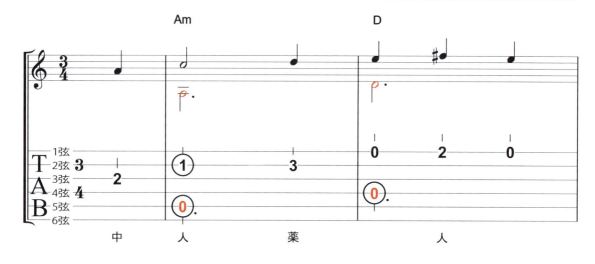

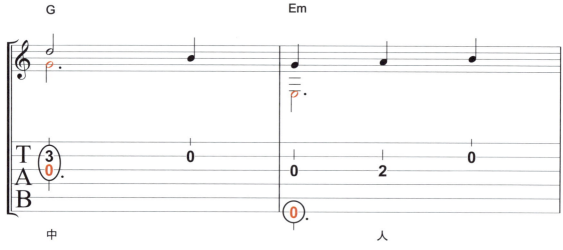

48 練習曲（ソロギター）

　イングランド地方の名曲「グリーンスリーヴス」に挑戦しましょう。1曲をコンパクトにまとめたので、演奏レパートリーにもピッタリです。「何か1曲弾いて」と言われた時に、サッと弾けるようにしておくと便利です。曲の最後に低音が動くところがありますが、慌てずに、左手の指定に従って弾いてください。

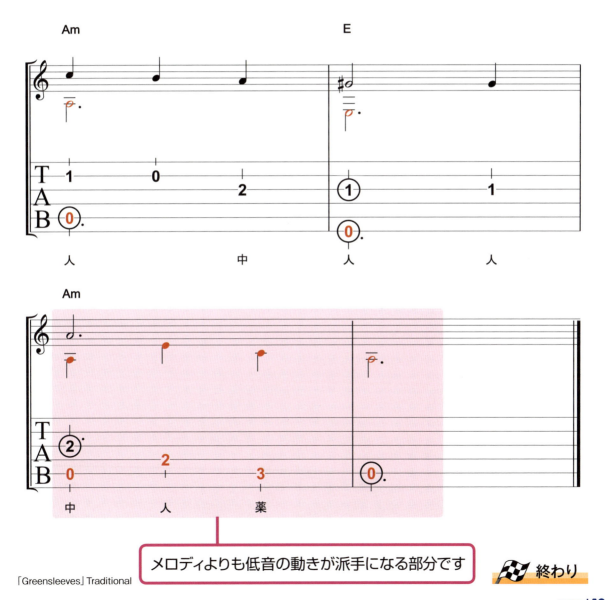

メロディよりも低音の動きが派手になる部分です

🏁 終わり

「Greensleeves」Traditional

クラシックギターの「困った!」を解決する Q&A

Q 脱タブ譜のコツを知りたい

A まず、開放弦の音を五線譜で把握することから始めましょう

　五線譜が読めるようになると、音楽の理解力がグンと高まります。タブ譜は数字が記入されているだけなので、デジタル情報のような感じです。一方、五線譜は高い音は上に記譜されるので、音を波形のように認識できます。例えば、だんだん高くなっていくメロディが五線譜に書かれている場合、感情表現を視覚的に読みとることができますよね。

　とはいえ、いきなり五線譜が読めるようになるわけではありません。脱タブ譜のコツとしては、まず開放弦の音を五線譜で把握することから始めましょう。例えば楽譜に1弦の開放音を「オレンジ」でマーキング、2弦の開放音は「ブルー」といった感じでマーキングを入れてください。目で慣れることも攻略法のひとつです。ちなみに、本書の楽譜はできるだけ開放弦を使用していますが、それは上記の方法を用いて、脱タブ譜にも役立ててもらいたいという願いからです。

第9章

人前で演奏するためのレパートリーを覚えよう

クラシックギターは、軽くて手持ち運びが容易なため、いろんな場所で演奏が可能です。そのため人前で演奏する機会もあることでしょう。そこで、人前で演奏するためのレパートリーを用意しました。すべての曲を練習する必要はありませんので、気に入った曲から練習していきましょう。

この章の内容

- ㊽ 「聖者の行進」を軽快に演奏しよう ……………… 126
- ㊿ 優雅に「いつか王子様が」を奏でよう ……………… 128
- ㋕ 「サマータイム」をアダルトにプレイしよう ……… 132
- ㋖ 「禁じられた遊び」を弾ききろう ………………… 136
- ㋗ 「アルハンブラの思い出」に挑戦しよう …………… 140
- クラシックギターの「困った！」を解決するQ&A …… 144

レッスン 49 「聖者の行進」を軽快に演奏しよう

キーワード レパートリー①

CD TRACK 69 模範演奏
CD TRACK 70 スロー演奏

右手の親指で弾く音は、赤で記しています

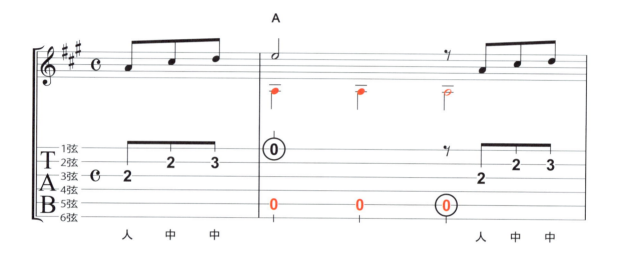

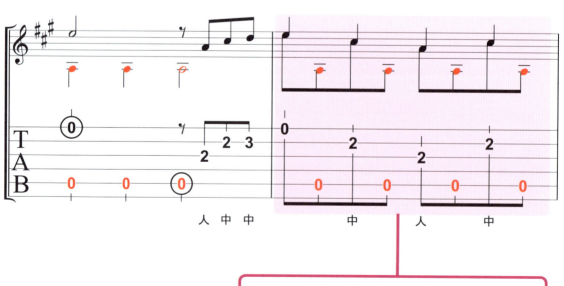

右手の親指で弾く音のリズムが変わります

ルイ・アームストロングなどの名手が奏でた、ディキシーランドジャズの名曲です。このナンバーをお手軽なアレンジで弾いてみましょう。使用する指は、右手の親指と人差指、左手の人差指の中指のみです。軽快なパレードをイメージして、リズムを感じながら弾くと、演奏の楽しさが倍増します。

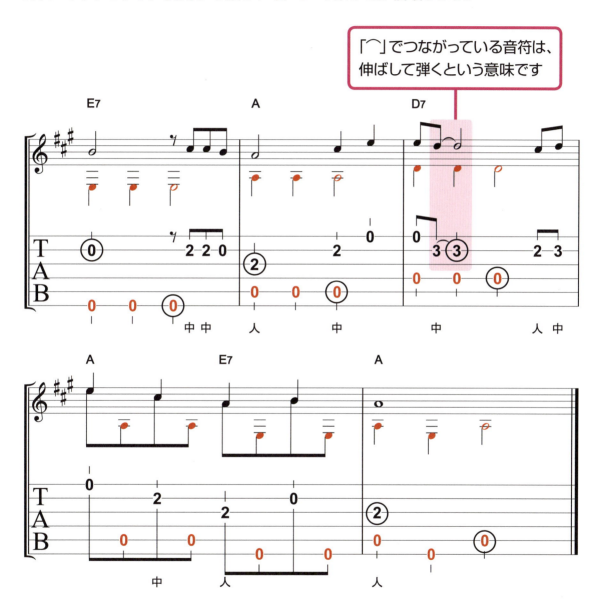

「⌒」でつながっている音符は、伸ばして弾くという意味です

「When The Saints Go Marching In」Traditional

レッスン50 優雅に「いつか王子様が」を奏でよう

キーワード　レパートリー②

CD TRACK 71 模範演奏
CD TRACK 72 スロー演奏

赤で記した低音は、右手の親指で弦をはじきます

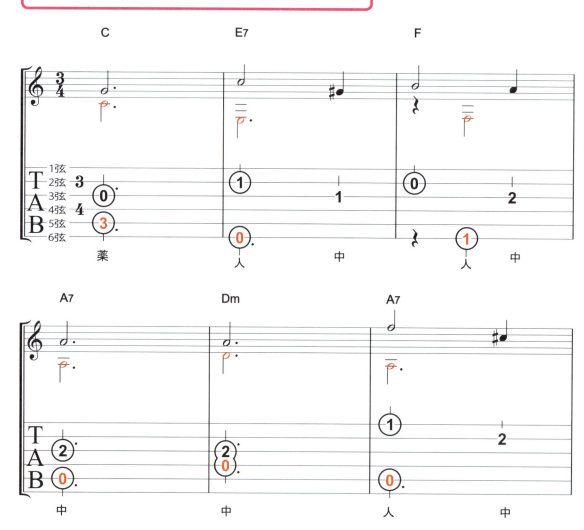

人前で演奏するためのレパートリーを覚えよう

第9章

ディズニーの長編ムービーの第1作目にして、世界初のカラー長編アニメーション作品となった映画『白雪姫』。その挿入歌の「いつか王子様が」を弾いてみましょう。「ワルツ」と呼ばれるリズムが使用されているので、優雅な演奏を目指してください。結婚式の余興やパーティにも最適なレパートリーです。

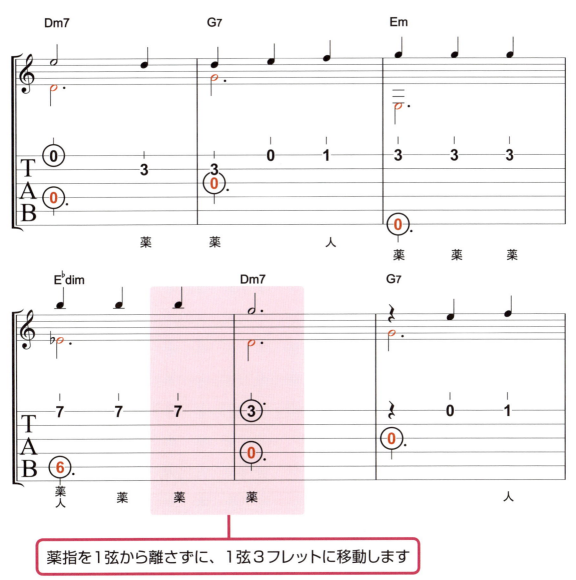

薬指を1弦から離さずに、1弦3フレットに移動します

次のページに続く▶▶▶

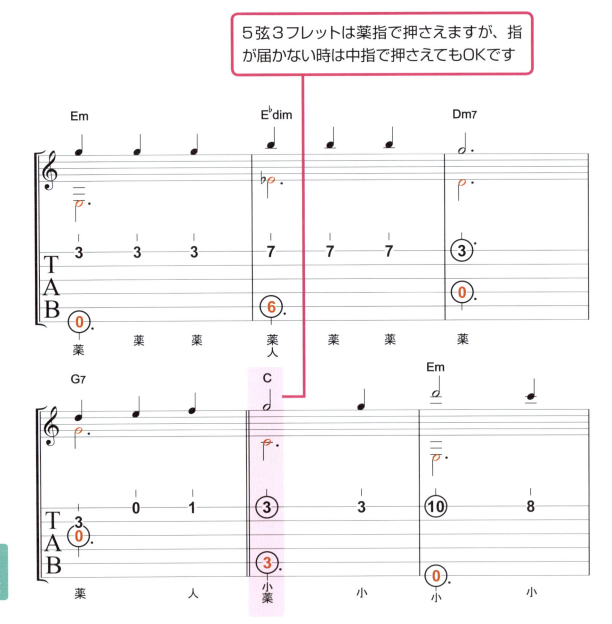

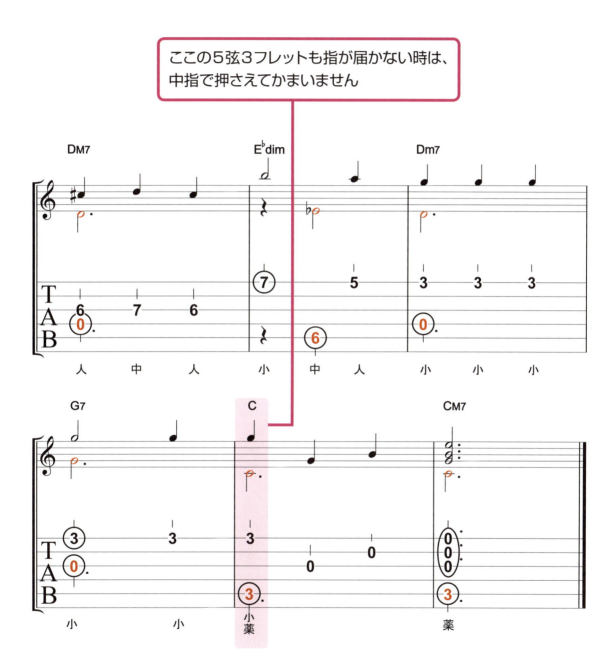

「Some Day My Prince Will Come」Music by Frank Churchill　PD

レッスン51 「サマータイム」を大人っぽくプレイしよう

キーワード　レパートリー③

CD TRACK 73 模範演奏
CD TRACK 74 スロー演奏

譜面の赤の音は、右手の親指で弾く低音です

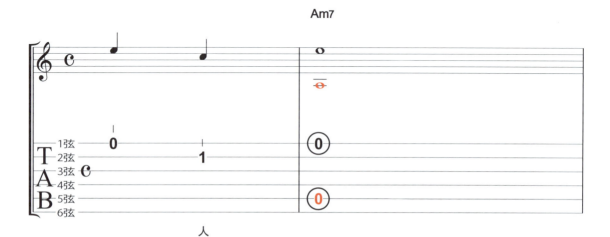

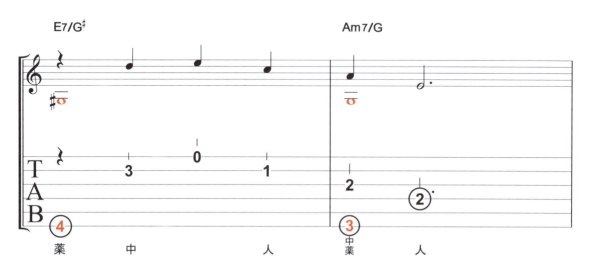

ジョージ・ガーシュウィン作曲のオペラ、『ポーギーとベス』の中の曲を弾いてみましょう。ロック、クラシック、ブルース、ジャズなど、ジャンルを超えて演奏されているナンバーでもあります。ゆったりとした子守歌をイメージして弾くと、この曲の持つ独特の雰囲気が、より一層際立つでしょう。

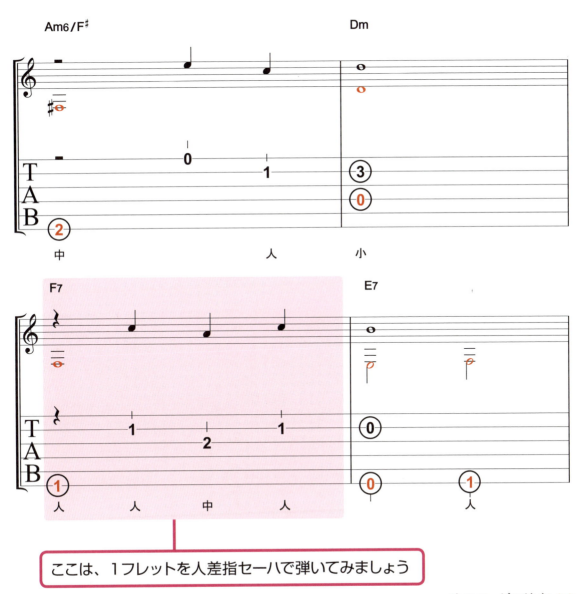

ここは、1フレットを人差指セーハで弾いてみましょう

このページは、1ページ目の楽譜（132ページ）とほとんど同じです

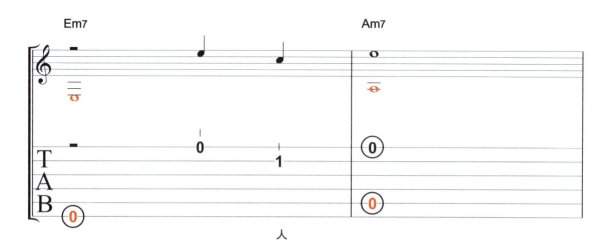

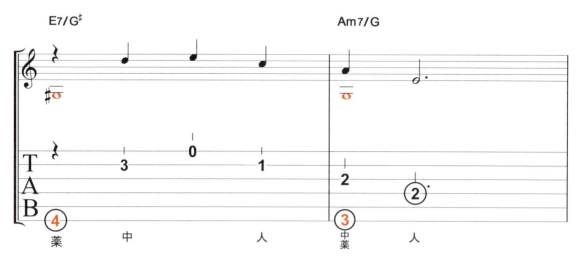

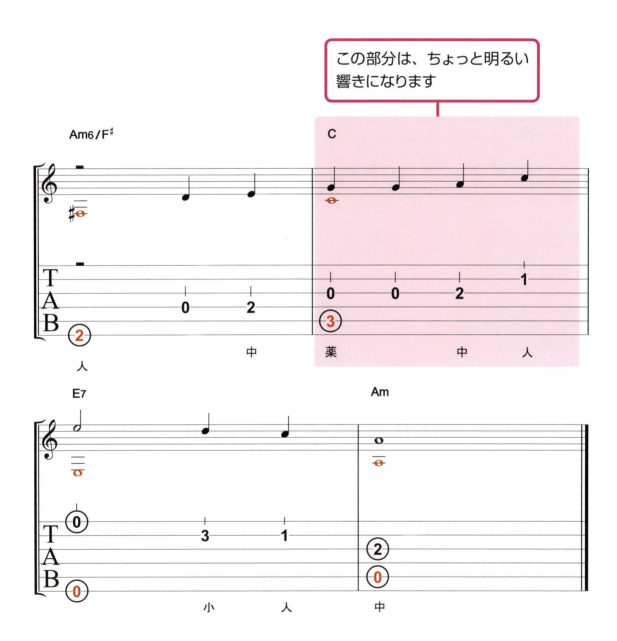

「Summertime」Words by DuBose Heyward、Music by George Gershwin　PD

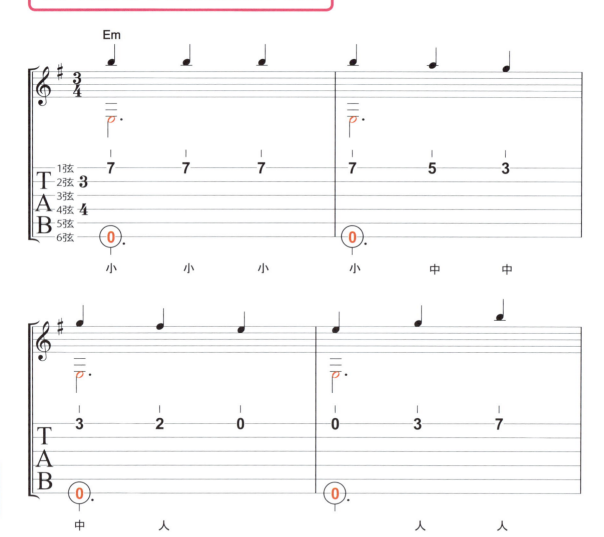

フランスのモノクロ映画『禁じられた遊び』はサウンドトラック全編がギター1本で綴られ、また映画音楽としても不動の地位を築きました。2章で学んだ「禁じられた遊び」を前半まで仕上げて、哀愁漂うこのメロディをレパートリーにしましょう。お手軽アレンジに仕上がっていますので、気楽に取り組んでください。

ここから、伴奏音が5弦に移ります

次のページに続く ▶▶▶

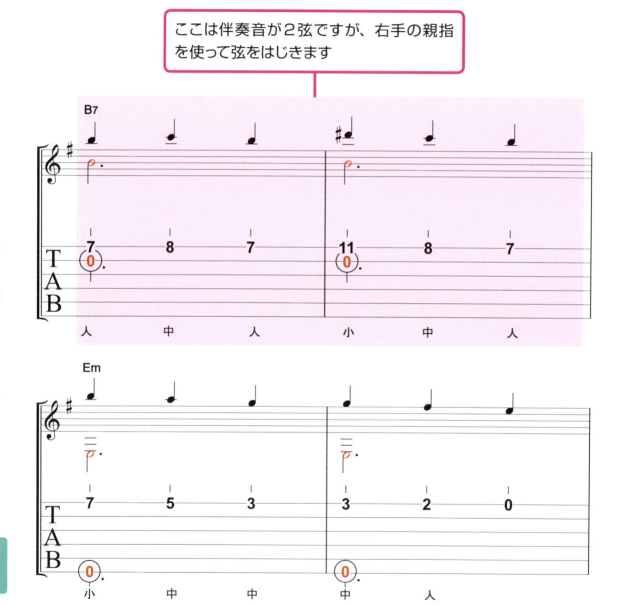

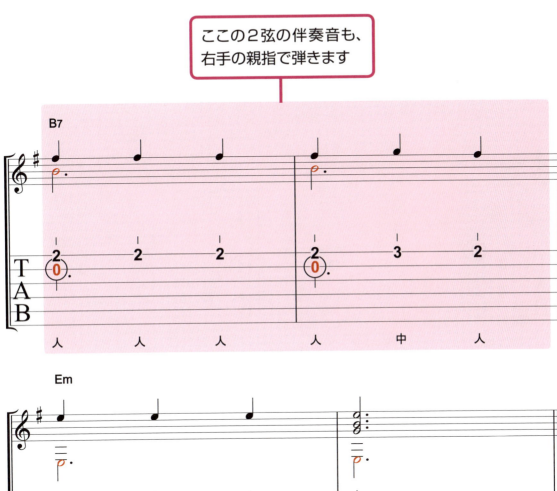
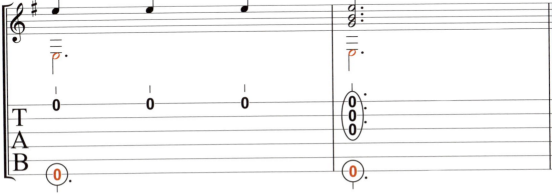

「Romanza Anonima」Traditional

レッスン53 「アルハンブラの思い出」に挑戦しよう

キーワード レパートリー⑤

CD TRACK 77 模範演奏
CD TRACK 78 スロー演奏

赤で示した低音パートは、右手の親指で弦をはじきます

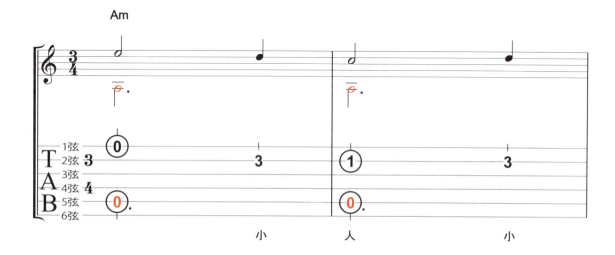

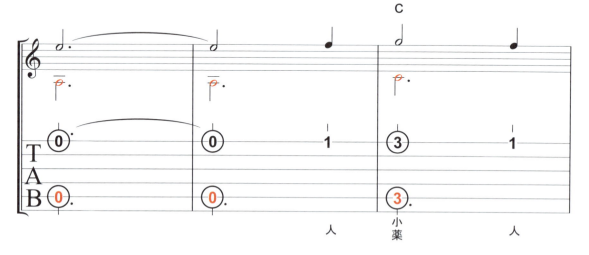

人前で演奏するためのレパートリーを覚えよう　第9章

クラシックギターの名曲として名高い「アルハンブラの思い出」。1896年、近代ギターの父、フランシスコ・タレガが、ギター独奏曲として作曲しました。今ではギターだけでなく、さまざまな楽器によっても演奏されています。ここではその美しいメロディを、シンプルなアレンジで楽しみましょう。

レパートリー⑤

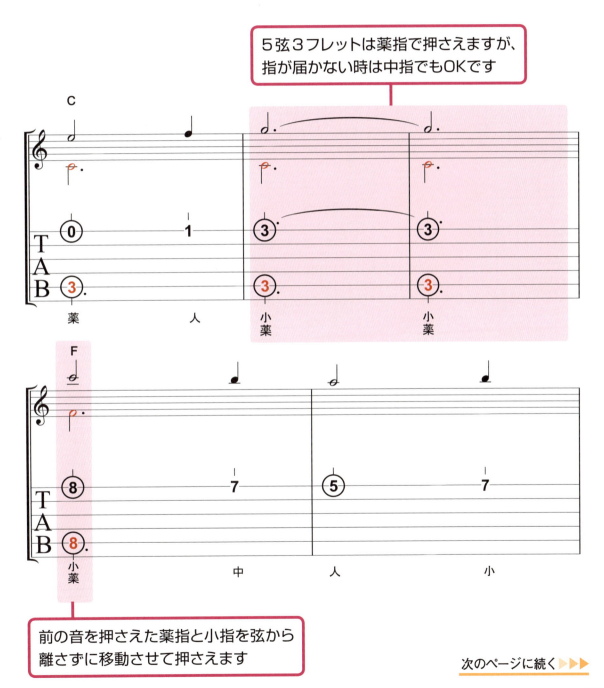

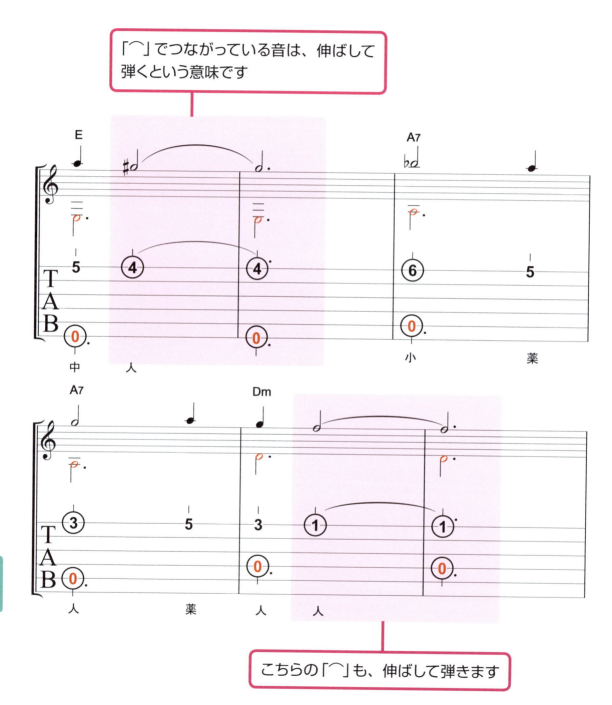

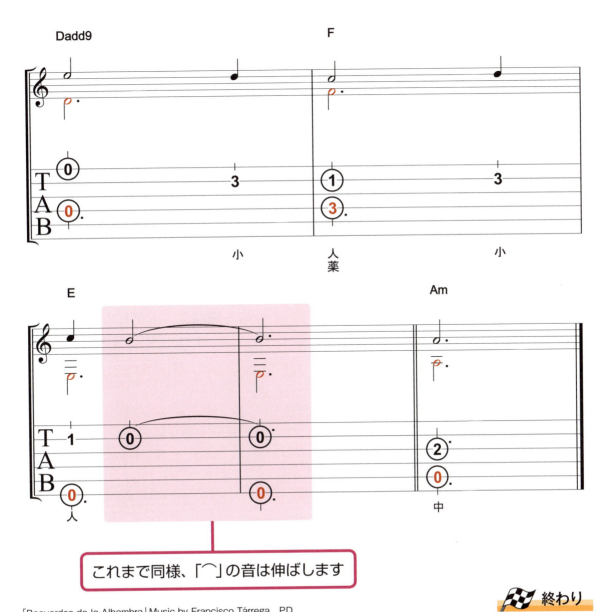

「Recuerdos de la Alhambra」Music by Francisco Tárrega　PD

クラシックギターの「困った！」を解決する Q&A

Q 人前で演奏できるレベルはどの程度？

A 演奏レベルは関係ないので、少しずつ挑戦してみましょう

　読者の中には「人前で演奏だなんて、レベル的に無理です」という人もいるでしょう。しかし生演奏や音楽仲間との交流の機会などは、さまざまな学びや楽しさや、そして多くの喜びに溢れています。ぜひ、少しずつトライしてください。意外と何とかなるものです。

　また、近年では緊張やあがり症の研究が進んでいます。例えば、聴衆がいる状況は、ひとりで演奏する時より意識が覚醒するので、簡単で得意な曲なら「まわりに人がいたほうが気持ち良く弾けた」というデーターがあります。一方、苦手な曲は「まわりに人がいるほうが間違えやすい」ということもわかってきました。そのため、苦手な曲は「何があっても最初から最後まで弾ききる」「遅いテンポで練習し、確実な演奏の実績を積む」など、自信をつけるための体験がとても有効となります。

　また、ちょっとしたミスは気づかれないものです。ですから、ミスを表情や口に出したりするのはやめましょう。そんな些細なミスを気にするより、人前に立って演奏する自分を褒めて、モチベーションに変えてください。

付録

このコーナーは付録的な内容になっています。
確認したいことや、わからない用語があった場合、
こちらのページをご利用ください。

付録コーナーの内容

- ギターのパーツと名称 …………………… **146**
- 小物＆周辺機器 …………………………… **148**
- 弦交換の方法 ……………………………… **150**
- 用語集 ……………………………………… **154**
- 索引 ………………………………………… **156**

付録1　ギターのパーツと名称

練習がスムーズにできるためにも、ここでギターのパーツをチェックしていきましょう。わからなくなったら、このページで再確認してください。

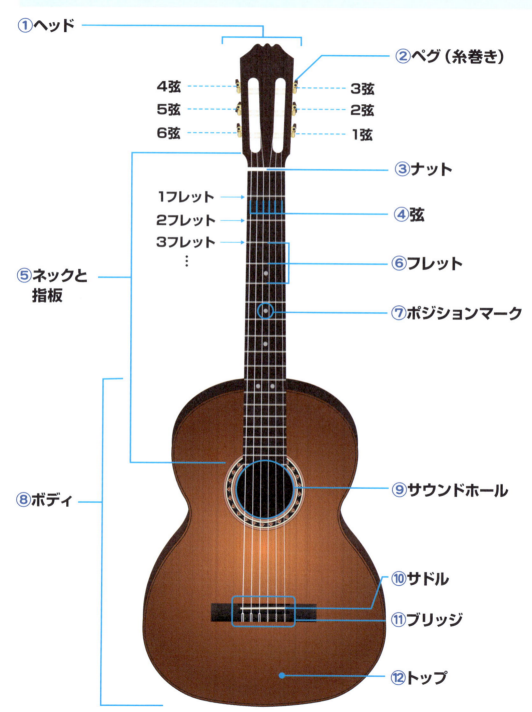

パーツの解説

①ヘッド	ギターの一番上にあたる部位です。ヘッド側と言われたら、ギターを構えた状態での左側を指します。
②ペグ（糸巻き）	このペグというパーツを回すことでチューニングを行ないます。
③ナット	弦を支えるパーツです。弦の太さに合った溝があります。
④弦	太さの異なる弦が6本貼られています。
⑤ネックと指板	左手で握る部分を「ネック」と言い、その表側にある指が触れるフレットが打たれた部分を「指板」と言います。
⑥フレット	音の高さを区切る棒状の金属製パーツです。このフレットを利用して、異なる高さの音を出します。
⑦ポジションマーク ※一般的に、クラシックギターにはポジションマークがありません	フレットの位置を数えやすくするための目印です。 通常は5、7、9（もしくは10）、12フレットなどに付いています。
⑧ボディ	空洞の部分です。弦の振動を響かせる役割があります。
⑨サウンドホール	ボディ内で響いた音を外に出すための穴。
⑩サドル	弦が乗っているパーツ。このサドルとナットの状態によって弦の高さ（弦高）が決まります。
⑪ブリッジ	ボディ側で弦を固定するためのパーツ。
⑫トップ	ボディ正面の板。これに対してボディ横部分の板は「サイド」、ボディ背面の板は「バック」と呼ばれます。

付録

付録2　小物＆周辺機器

ギターとともに持っておきたい小物類などを紹介します。

●弦

　クラシックギターはナイロン製の弦を使います。フォークギターやエレキの弦は金属製なので、購入の際に間違えないように気をつけてください。普段から予備の弦を持ち歩くようにしましょう。

●楽器用クロス

　ギターについた手アカや、ホコリを取るための道具です。硬い素材でボディを拭くと傷がつくことがあるので、楽器用のクロスを使うようにしてください。拭き取る際は、乾拭きが基本となります。水拭きや家庭用洗剤は厳禁です。

● **ギターケース**

　ギターを収納するケースで、移動の際に必要となるものです。軽量でリュックサックのように背負える便利なソフトケースタイプのほか、より衝撃に強いハードケースタイプもあります。長期間ギターを弾かない場合は、家でもケースにしまっておくといいでしょう。

● **ギタースタンド**

　ギターを安全に立てかけることができる、楽器専用のスタンド。部屋や練習スタジオでギターを置く場合、何かに立てかけずスタンドに置くようにしましょう。弾きたい時にすぐギターを手にすることができるので便利です。

付録3 # 弦交換の方法

演奏中に弦が切れた場合はもちろん、長期間の使用により音程がうまく合わなくなってきた場合も弦を交換する必要があります。弦はあくまでも消耗品として割り切り、楽器店で新しいものを購入しましょう。

● ブリッジ側の弦の結び方

①ブリッジに弦を通す

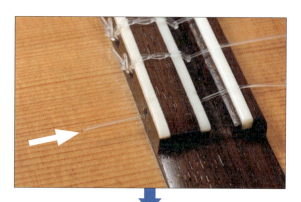

古い弦は弦を緩めてから外し、次にニッパーで切って抜きとったら、新しい弦をブリッジに通します

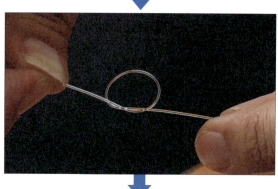

通したあと、引っぱって結び目をひとつ作ります

このように、1センチほどの長さが結び目から出ればよいでしょう

②弦を結ぶ

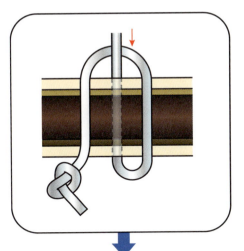

結び目ができた弦先を入口のほうに戻し、弦の下にくぐらせます

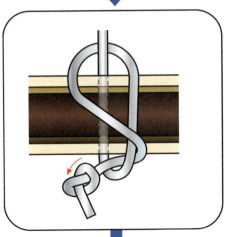

さらに図のように弦をくぐらせます

1〜3弦はこの動作を2回くり返します（4〜6弦は1回でOK）

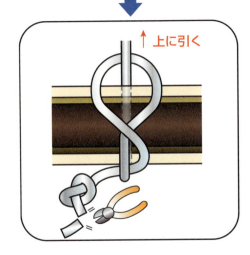

最後にヘッド側に弦を引っぱって固定し、結び目の先はニッパーで切ります

次のページに続く▶▶▶

ヘッド側の弦の巻き方

①弦を引っぱりペグに通す

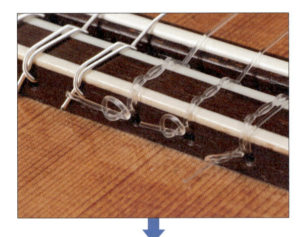

ブリッジ側がこのように結べたら、弦をヘッド側に持っていきます

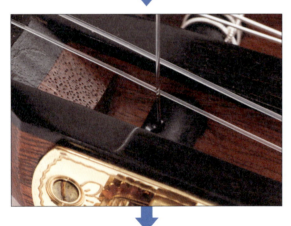

ヘッド側のペグの穴に弦を通します

通した弦を引っぱります

②弦を結んでペグで巻きとる

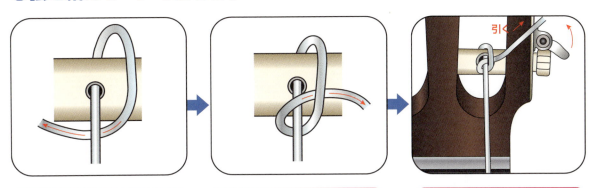

穴に通した弦先を、ここでも入口側の弦の下にくぐらせます

さらに図のように、ペグの上に出た弦の下にくぐらせます

弦を目一杯引きながら、ペグを回して巻きとります

ヒント

巻きとりの向き

弦を巻きとる向きには注意が必要です。図のように、1＆6弦は外向きに、2〜5弦は内向きに弦が巻かれるようにします（弦の巻きとりは1〜2回転ぐらいが目安です）。

このようにナットに向かう角度を最小限にすることが重要になります。誤った方向に巻いたり、何重にも巻きとると、チューニングが不安定になるので注意しましょう。

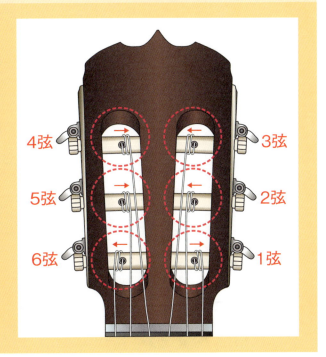

終わり

用語集

アクセント

ギタープレイにおいては、特に強く弦をはじいて大きく音を鳴らす部分を指す。アクセントを入れることで、フレーズに緩急をつけることができる。

アドリブ

決められたフレーズではなく、即興で演奏すること。「インプロヴィゼーション」とも言う。

押弦（オシゲン・オウゲン）

弦を押さえること。「3弦2フレットを押弦する」などと使われる。

オブリガート

歌やバッキングの隙間に挿入される、装飾的なフレーズのこと。「おかず」、「フィルイン」とも言われる。

オモテ／ウラ

1小節を4拍で区切った場合、1・3拍目をオモテ、2・4拍目をウラと呼ぶ。またその1拍をさらに2等分した場合は、前半を1拍目オモテ、後半を1拍目ウラと呼ぶ。

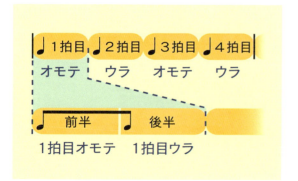

key（キー）

1曲の中で定められた「調（ちょう）」のこと。カラオケで音の高さを上げ下げするのも、このkeyを変えているということになる。

ギターソロ

曲の中でギターフレーズがメインとなるセクション。個性やテクニックをより発揮できる、ギタリストの見せ場のひとつ。

キメ

バンド全体で、決まったフレーズをそろって演奏すること。全パートがシンクロするので、メリハリのある聴かせどころになることが多い。

グルーヴ

ノリやフィーリングが合い、気持ちのいいリズムで演奏すること。「今日のプレイにはいいグルーヴがあった」などと使う。明確な定義はないので、友達やバンドと演奏をしていく中で感じていこう。

3連符

1拍を3等分した音符のこと。譜面では、図のように3つの8分音符の上に3と数字が書かれる。1拍を6等分した6連符、2拍分を3等分した2拍3連などもある。

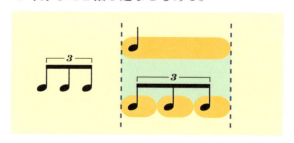

シンコペーション

拍のウラ側を強調したリズムの取り方のこと。部分的に使うことで、フレーズに意外性や複雑性を加えることができる。

スケール＜音階＞

特定の音程で並べられた、1オクターブ内の音列のこと。○メジャースケールや○マイナースケールなどたくさんの種類があり、keyやコードによって合う（合わない）スケールがある。

全音／半音（ゼンオン／ハンオン）

全音は2フレット分の音程差、半音は1フレット分の音程差のこと。C音から見たD音、D音から見たE音は全音上となる。E音から見たF音は半音上となる。

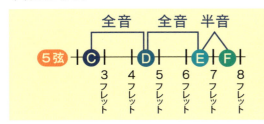

ソロギター

ギター1本でリズムパート、ベースパート、メロディパートをプレイする奏法のこと。ギターソロとは別物なので注意！

ハシる／モタる

正しいテンポよりも「速くなってしまうのがハシる」、「遅くなってしまうのがモタる」。どちらも無意識に起きてしまうことなので、メトロノームを使った練習などで克服しよう！

バッキング

伴奏。リズムパート演奏のこと。

ハネ

1音1音が跳ねたようなリズムのこと。3連符の真ん中の音を抜き、ハネたリズムでプレイすると「シャッフル／スウィング」になる。

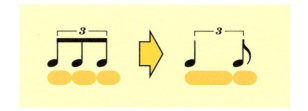

速弾き

フレーズをものスゴい速さでプレイする奏法。ギターソロで披露されることが多く、ヘヴィメタルなどの音楽ジャンルでは特に好まれている。

半音下げチューニング

本書で紹介したスタンダードなチューニングである「レギュラーチューニング」から、全弦を半音下げにしたチューニングのこと。全体的に音が下がるため、ヘヴィな印象になる。ほかにも「全弦全音下げ」や「6弦のみ全音下げ」などがある。

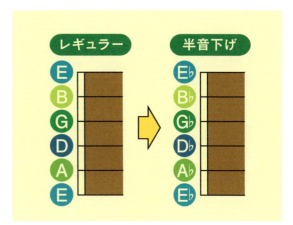

ブレイク

楽曲の途中で、一瞬音を止める部分。キメとしても使われる手法。

索 引

アルファベット

A（音） —— 24、62
B（音） —— 24、40
C（音） —— 24
D（音） —— 24、50
E（音） —— 24、26、27、66
F（音） —— 24
G（音） —— 24、46
TAB譜 —— 30

ア

足台 —— 16
アップストローク —— 59
アルアイレ —— 77
アルペジオ —— 76
糸巻き —— 27

カ

開放弦 —— 28、31
ガイドフィンガー —— 33、56
基準音 —— 63
休符 —— 96
薬指セーハ —— 108
コード —— 58、74
コードネーム —— 58

サ

シャープ（♯） —— 52
ストローク —— 76
ストローク記号 —— 58
3（スリー）フィンガーピッキング —— 80
セーハ —— 100
全弦セーハ —— 106
ソロギター —— 85

タ

ダイアグラム —— 58
ダウンストローク —— 59
タブ譜 —— 30
弾弦 —— 20
チューナー —— 24
チューニング —— 24、26、40、46
　　　　　　　50、62、66
調弦 —— 24
2（ツー）フィンガーピッキング —— 78
低音 —— 116

ナ

ネック ——————————— 19

ハ

パワーコード ——————————— 107
半音 ——————————— 34、52
伴奏 ——————————— 96、116
弾き語り ——————————— 74
ピッキング ——————————— 20、44
人差指セーハ ——————————— 100
ピボットフィンガー ——————————— 71
4（フォー）フィンガーピッキング —— 82
フレット ——————————— 30
分散和音 ——————————— 76
分数コード ——————————— 83
ペグ ——————————— 27
ヘッド ——————————— 17、18、26

マ

巻き弦 ——————————— 50
メジャー ——————————— 60
メロディ ——————————— 96

ラ

ラウンドワウンド ——————————— 50
ラグタイム ——————————— 120
ラスゲアード ——————————— 91
練習曲 ——————————— 36、54、72、84
　　　　　　　　96、112、122
リズム譜 ——————————— 58

ワ

和音 ——————————— 58
ワルツ ——————————— 129

■著者
垂石雅俊（たるいし・まさとし　Masatoshi Taruishi）

クラシック＆アコースティックギタリスト。ナイロン弦とスティール弦を使い分けるソロギタープレイヤーとしてキングレコードよりデビューし、クロスオーバーなギターサウンドで多くの作品を手掛ける。国際新堀芸術学院に学び、在学中よりさまざまなギターコンクールでの受賞を受け、国内外の大きなステージを経験。卒業後は新堀ギター音楽院本部教室主任を歴任し、渡欧。クラシックギターをキム・ヨンテ、アレクサンダーセルゲイ・ラミレス、アコースティックギターをドン・ロス、各氏に師事。帰国後、自らが代表に立つ音楽教室ギターレ＆エアストをプロデュース。FM浦和にてラジオパーソナリティーとして活躍し、また音楽雑誌などへの寄稿も多く、自身の著作は海外で翻訳されるなど、ライターとしての実績も重ね、多岐に渡った活動を続けている。キングレコードより『カフェ日和〜癒しのギターでくつろぎのひととき〜』、ほか多数リリース。著書に『弾きたい曲からはじめる！　私のクラシック・ギター』『同2・映画音楽編』（リットーミュージック社刊）などがある。

［著者のレッスン紹介］
◎音楽教室ギターレ＆エアスト
〒330-0062　埼玉県さいたま市浦和区仲町2-6-1
TEL：048-825-8097（水〜日曜日　11：00〜21：00）
http://www.saimusic.jp/

STAFF

シリーズロゴデザイン　山岡デザイン事務所
カバーオリジナルデザイン　阿部　修
本文オリジナルデザイン　町田有美
アドバイザー　藤井貴志（株式会社インプレス）
カバー＆本文デザイン＆DTP制作　松本和美
イラスト　辻井　知
DVD制作　有限会社ノア・ノア
写真　星野　俊
レコーディング＆ミックス／マスタリング　滝川博信（キング関口台スタジオ）、Sutdio LUFT

編集担当　額賀正幸

オリジナルコンセプト　山下憲治

■DVDビデオ使用上のご注意：本書付録のDVDはDVDビデオです。DVDビデオは、映像と音声を高密度で記録したディスクです。DVD対応プレーヤーで再生してください。DVD再生機能を持ったパソコンやゲーム機など、一部の機種では再生できない場合があります。不都合が生じた場合、弊社では動作保証の責任を負いませんので、あらかじめご了承ください。詳しい再生上の取り扱いについては、ご使用のプレーヤーの取扱説明書をご覧ください。■DVDビデオ保管上のご注意：ディスクは両面とも指紋、汚れ、傷などをつけないように取り扱ってください。またディスクに大きな負担がかかると、データの読み取りに支障をきたす場合がありますのでご注意ください。使用後は、必ずプレーヤーから取り出し、専用のケースなどに収めて保管してください。直射日光の当たる場所や、高温、多湿の場所には保管しないでください。■本書ならびに付録映像の著作権について：本書付録のDVDビデオならびに本書に関するすべての権利は、著作権者に保留されています。著作権者に無断で複製、上映、放映、賃貸、改変、インターネットによる配信をすることは、法律で禁止されています。

できるゼロからはじめるクラシックギター超入門

【著者・演奏】垂石雅俊

2016年10月25日 第1版1刷発行
2023年 7月14日 第1版5刷発行

定価1,760円（本体1,600円＋税10%）
ISBN978-4-8456-2869-8

【発行所】株式会社リットーミュージック
〒101-0051 東京都千代田区神田神保町一丁目105番地
https://www.rittor-music.co.jp/

発行人　松本大輔
編集人　野口広之

【乱丁・落丁などのお問い合わせ】
service@rittor-music.co.jp

【本書の内容に関するお問い合わせ先】info@rittor-music.co.jp
本書の内容に関するご質問は、Eメールのみでお受けしております。お送りいただくメールの件名に「できる　ゼロからはじめるクラシック・ギター超入門」と記載してお送りください。ご質問の内容によりましては、しばらく時間をいただくことがございます。なお，電話やFAX，郵便でのご質問，本書記載内容の範囲を超えるご質問につきましてはお答えできませんので，あらかじめご了承ください。

●印刷所 図書印刷株式会社
●DVDプレス 株式会社JVCケンウッド・クリエイティブメディア
Printed in Japan

本書記事／写真／図版などの無断転載・複製は固くお断りします。
Copyright©2016 Masatoshi Taruishi and Rittor Music,Inc.All rights reserved.

●付属DVD、CDのお取り扱いについて

　付属DVDとCDは、入れ物の上部に貼られたテープを剥がして、取り出してください。取り出したあとは、専用のケースなどをご用意していただき、そこに保管することをお勧めします。
　DVD、CDは非常にデリケートなため、取り扱い、保管には十分ご注意ください。

●小冊子のお取り外しについて

　小冊子『コードブック＆便利メモ帳』は、取り外すことができます。ゆっくりと端から剥がしてください。なお、小冊子の前後にある厚紙は「補強用の紙」です。こちらは取り外しができませんので、引っ張らないでください。

『できる ゼロからはじめるクラシックギター超入門』付属小冊子

コードブック
&便利メモ帳

垂石雅俊著

この小冊子は取り外すことができます。
取り外す際は、ゆっくり引っ張って端から外してください。
手前のページの厚紙と本書最終ページの厚紙は小冊子の補強用紙のため、
取り外すことができません。引っ張らないように注意してください。

コードブック

ルートの音 **C** ド

基本形

●メジャー系コードの基本形

※Mの代わりに△を用いる書き方もあります（例：C△7）

メジャー ■	セブンス ■7	メジャーセブンス ■M7

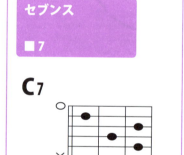
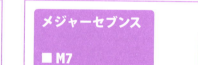
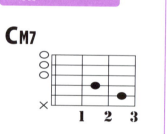

●マイナー系コードの基本形

マイナー ■m	マイナーセブンス ■m7	マイナーセブンスフラットフィフス ■m7(♭5)

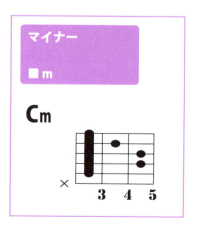
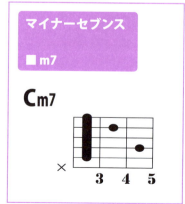
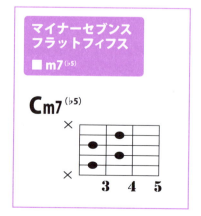

発展形

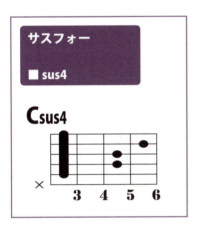

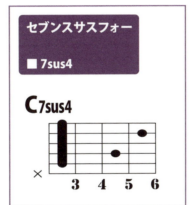

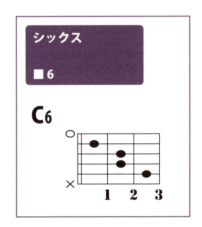

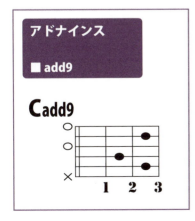

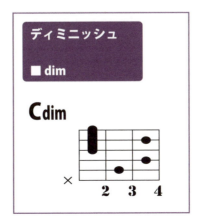

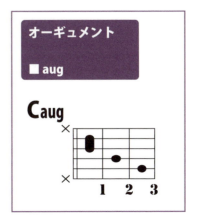

コードブック

C♯とD♭は音程としては同じ音です。

基本形

● メジャー系コードの基本形

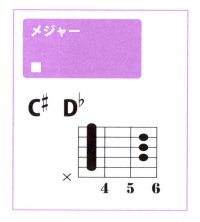

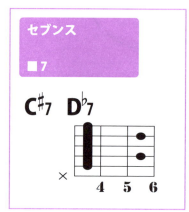

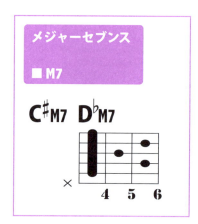

● マイナー系コードの基本形

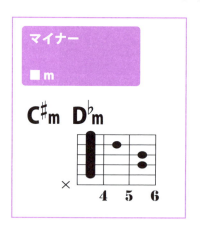

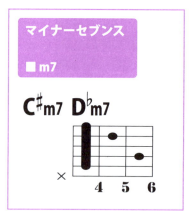

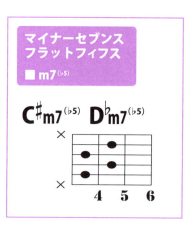

発展形

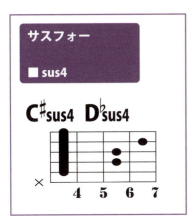

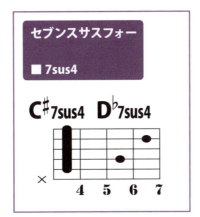

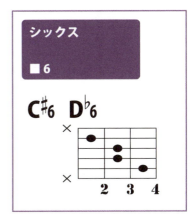

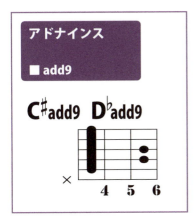

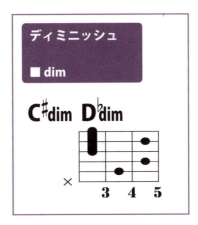

コードブック

ルートの音 **D** レ

基本形

●メジャー系コードの基本形

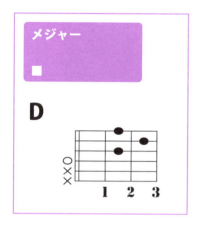

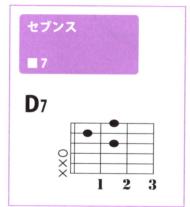

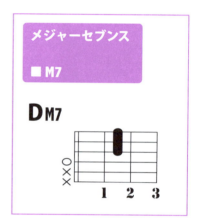

●マイナー系コードの基本形

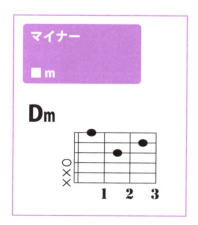

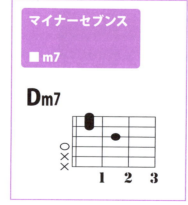

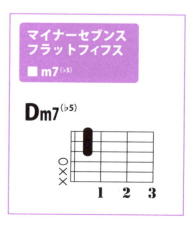

発展形

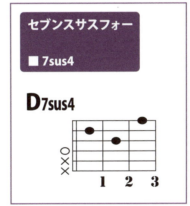

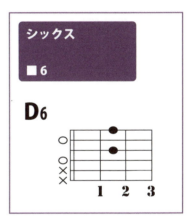

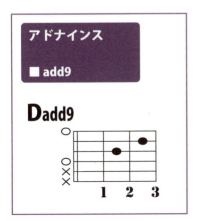

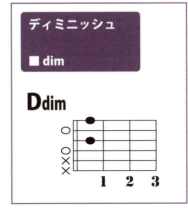

コードブック

D♯とE♭は音程としては同じ音です。

基本形

●メジャー系コードの基本形

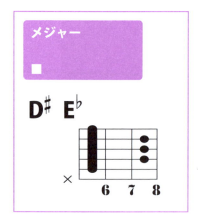
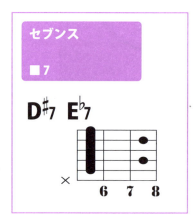
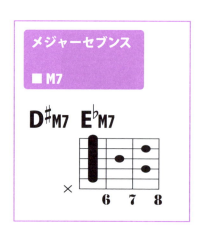

●マイナー系コードの基本形

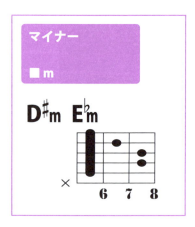
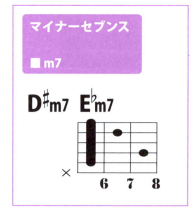
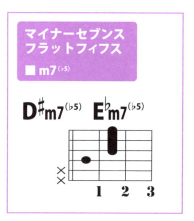

発展形

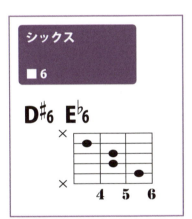

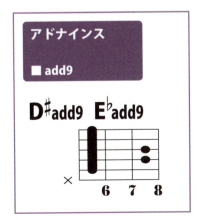

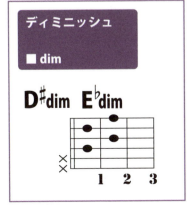

コードブック

ルートの音 E ミ

基本形

●メジャー系コードの基本形

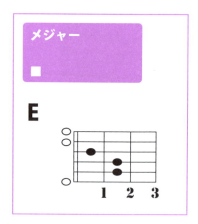

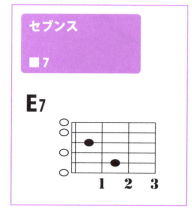

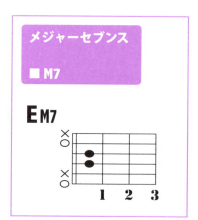

●マイナー系コードの基本形

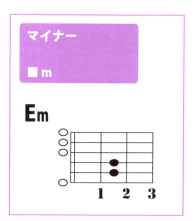

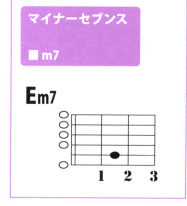

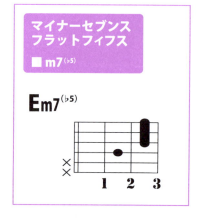

発展形

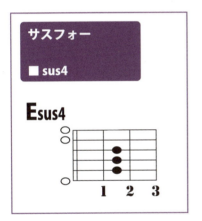

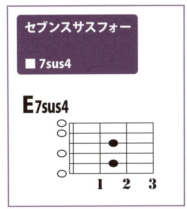

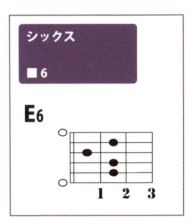

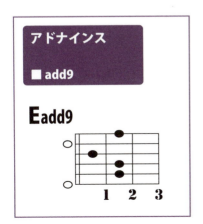

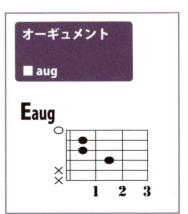

コードブック

ルートの音 **F** ファ

基本形

●メジャー系コードの基本形

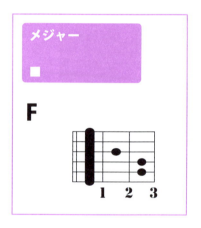

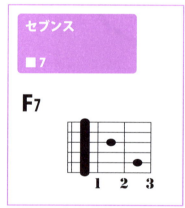

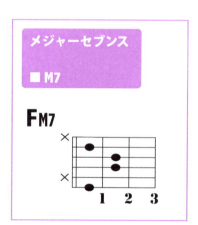

●マイナー系コードの基本形

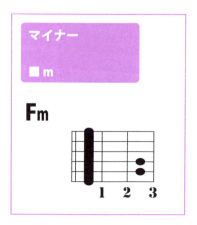

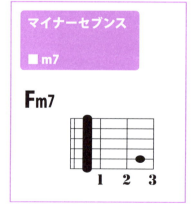

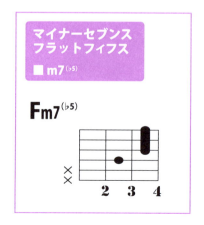

発展形

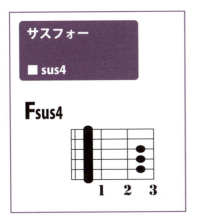

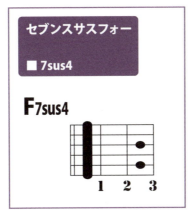

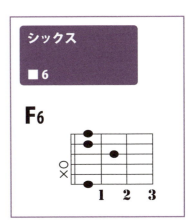

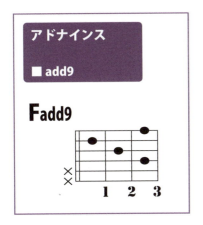

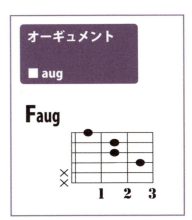

コードブック

F♯とG♭は音程としては同じ音です。

基本形

●メジャー系コードの基本形

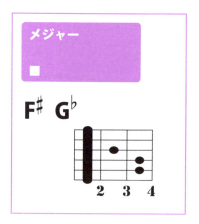

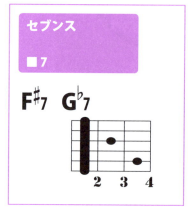

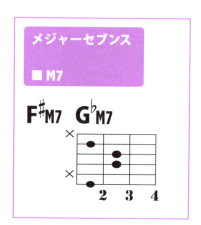

●マイナー系コードの基本形

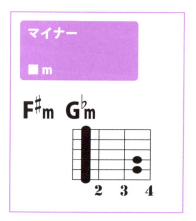

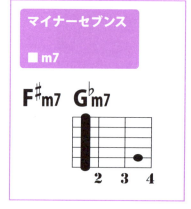

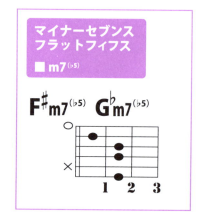

発展形

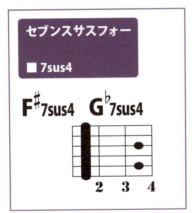

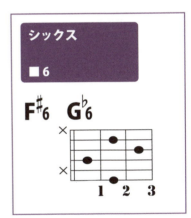

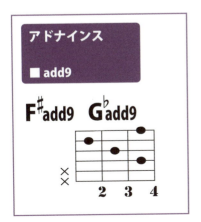

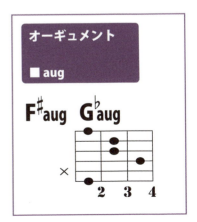

コードブック

ルートの音 **G** ソ

基本形

●メジャー系コードの基本形

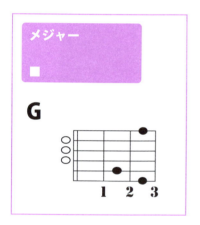

メジャー
■

G

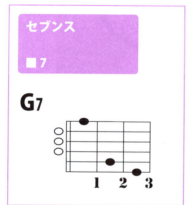

セブンス
■7

G7

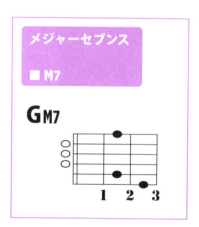

メジャーセブンス
■M7

GM7

●マイナー系コードの基本形

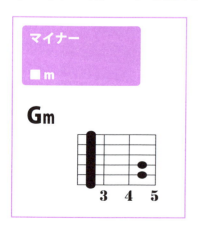

マイナー
■m

Gm

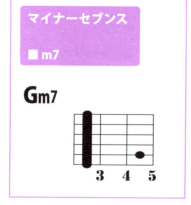

マイナーセブンス
■m7

Gm7

マイナーセブンス
フラットフィフス
■m7(♭5)

Gm7(♭5)

発展形

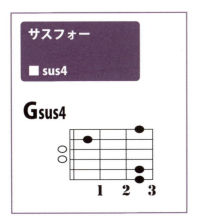
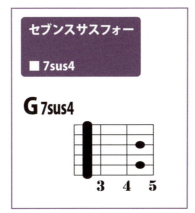
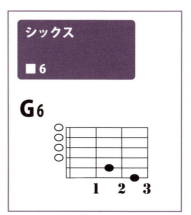
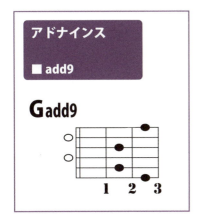
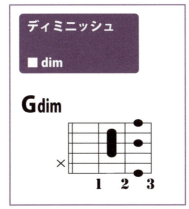

コードブック

G♯とA♭は音程としては同じ音です。

基本形

●メジャー系コードの基本形

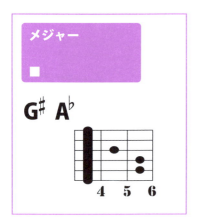

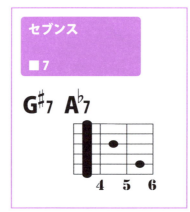

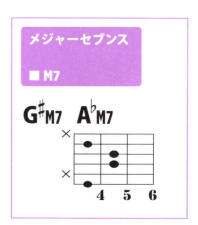

●マイナー系コードの基本形

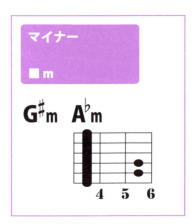

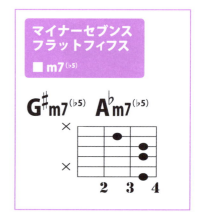

発展形

サスフォー
■ sus4

セブンスサスフォー
■ 7sus4

シックス
■ 6

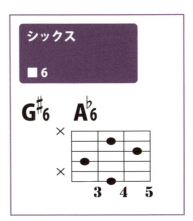

アドナインス
■ add9

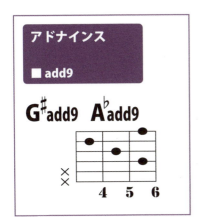

ディミニッシュ
■ dim

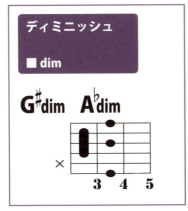

オーギュメント
■ aug

コードブック

ルートの音 **A** ラ

基本形

●メジャー系コードの基本形

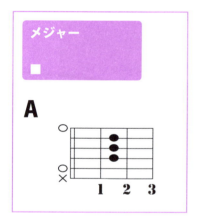

メジャー　■

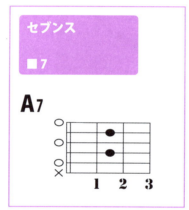

セブンス　■7

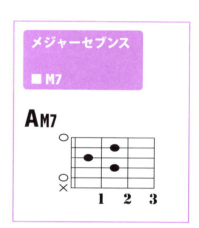

メジャーセブンス　■M7

●マイナー系コードの基本形

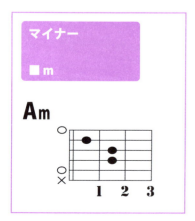

マイナー　■m

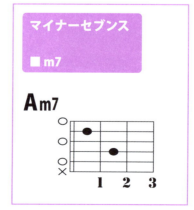

マイナーセブンス　■m7

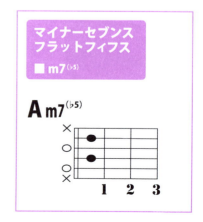

マイナーセブンスフラットフィフス　■m7(♭5)

発展形

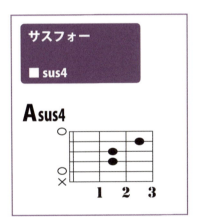

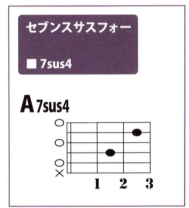

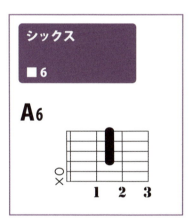

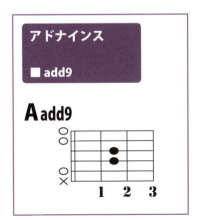

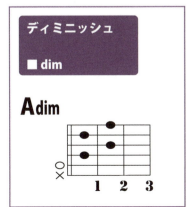

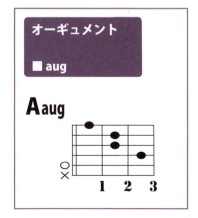

コードブック

A♯とB♭は音程としては同じ音です。

基本形

●メジャー系コードの基本形

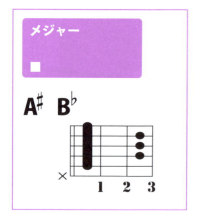

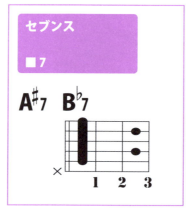

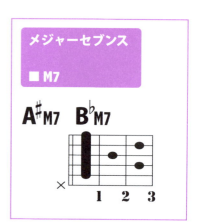

●マイナー系コードの基本形

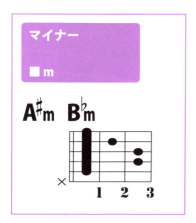

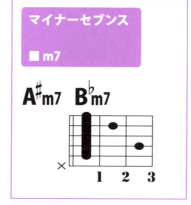

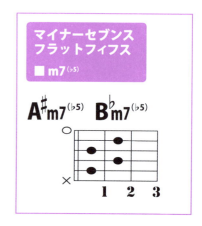

発展形

サスフォー
■ sus4

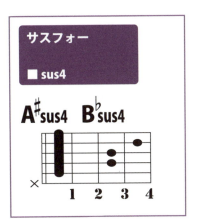

セブンスサスフォー
■ 7sus4

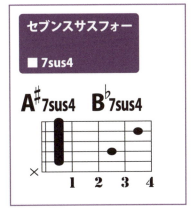

シックス
■ 6

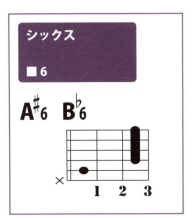

アドナインス
■ add9

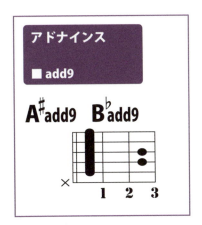

ディミニッシュ
■ dim

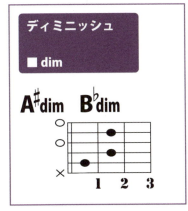

オーギュメント
■ aug

コードブック

ルートの音 **B** シ

基本形

●メジャー系コードの基本形

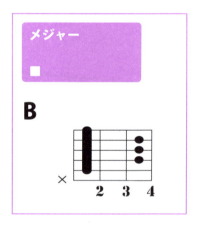
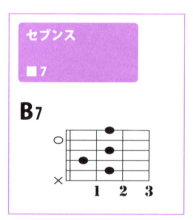
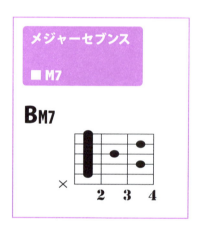

●マイナー系コードの基本形

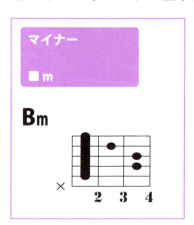
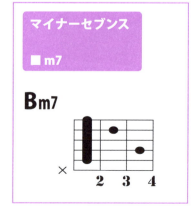
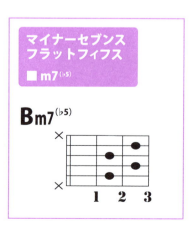

発展形

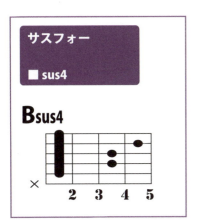

サスフォー
■ sus4

Bsus4

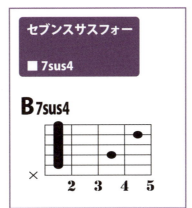

セブンスサスフォー
■ 7sus4

B7sus4

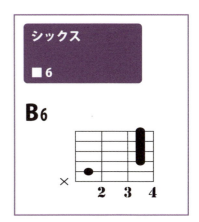

シックス
■ 6

B6

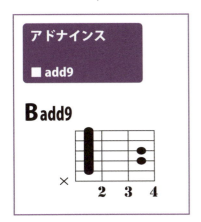

アドナインス
■ add9

Badd9

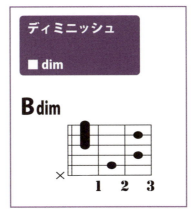

ディミニッシュ
■ dim

Bdim

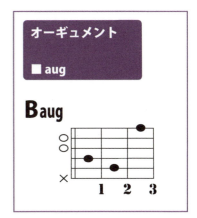

オーギュメント
■ aug

Baug

メモ帳　コードダイアグラム

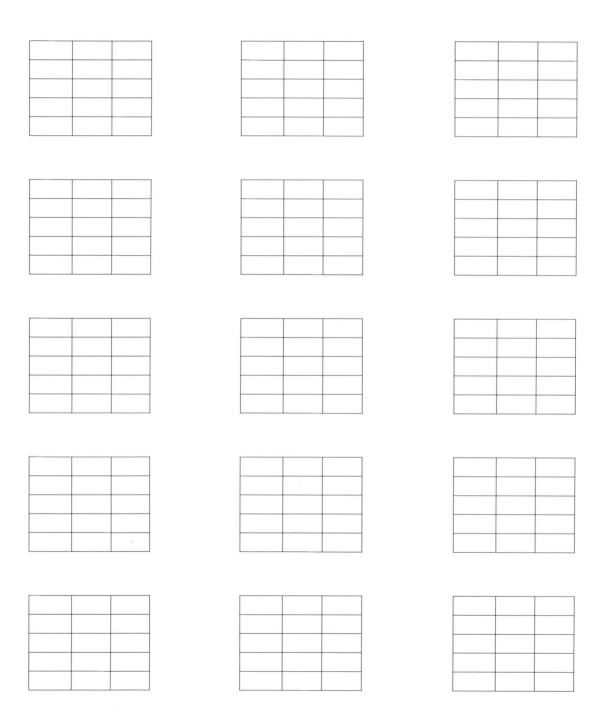

※このコーナーはコピーして使うこともできます。

メモ帳 タブ譜付き楽譜

※このコーナーはコピーして使うこともできます。

メモ帳　ダイアグラム&タブ譜付き楽譜

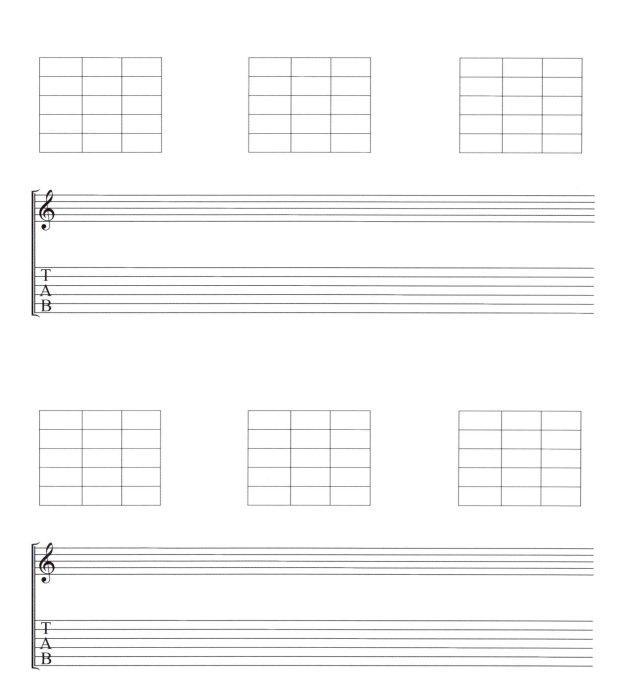

※このコーナーはコピーして使うこともできます。

コードネームの仕組み

① コードの一番低い音(ルート音)を示しています。

② ここでメジャーコードとマイナーコードの判別ができます。「m」が書かれている場合はマイナーコード、「m」がなければメジャーコードとなります。

③ 7thという音が追加されているかをここで判別します。7thには「7」と「M7(△7)」の2種類がありますが、押さえ方がわからない場合は7thを無視してOKです。

④ テンションと呼ばれる音が示されます。7th同様、無視してもOKです。ただし、「♭5」が書かれている場合は、コードブックどおりの押さえ方で弾きます。